AF462693

LE NOUVEAU GUIDE
DE
LA CONVERSATION,
en Français et Portugais,
EN DEUX PARTIES.

PARIS. — TYPOGRAPHIE DE RIGNOUX,
rue Monsieur-le-Prince, 31.

LE NOUVEAU GUIDE

DE LA

CONVERSATION,

en Français et Portugais,

EN DEUX PARTIES,

CONTENANT :

La première, un Vocabulaire de mots usuels par ordre alphabétique,
avec la prononciation figurée pour le portugais,
et une Phraséologie ;
La seconde, quarante-trois Dialogues sur divers sujets,
un choix d'Anecdotes, de Lettres familières, de Proverbes,
et un Tableau des monnaies ;

Par JOSEPH DA FONSECA,

Professeur de Langue portugaise.

PARIS.

Ve J.-P. AILLAUD, MONLON ET Ce,

**Libraires de Leurs Majestés l'Empereur du Brésil
et la Reine de Portugal,**

RUE SAINT-ANDRÉ-DES-ARTS, 47.

1854

1853

CLEF DES ACCENTS.

CHAVE DOS ACCENTOS.

à, è, ì, ò, ù, répond en portugais à *á, é, í, ó, ú.*
á, é, í, ó, ú, ... *id.* . . . . . . à *â, ê, î, ô, ú.*

PRÉFACE.

Il existe un grand nombre de *guides de la conversation*, et cependant on en trouve peu qui offrent à l'élève les secours qui lui sont nécessaires; car la plupart des auteurs auxquels on confie ce genre de travail, ne s'étant jamais livrés à l'enseignement, s'imaginent qu'à l'aide de *dialogues* très-étendus, et ne contenant que des idées incohérentes, l'élève peut faire de rapides progrès. Il en est d'autres qui ont publié des recueils de phrases hyperboliques, également sous le titre de *dialogues*, en soutenant que ce fatras, qu'ils nomment *style châtié*, est indispensable aux étudiants qui veulent parler avec élégance l'idiome qu'ils apprennent.

L'expérience que j'ai acquise pendant plus de trente ans dans l'enseignement m'a démontré que c'est surtout dans les livres classiques que l'écrivain doit s'efforcer d'unir la clarté à la concision; car les ouvrages prolixes découragent les commençants. Ce n'est d'ailleurs pas au moyen d'un *guide de la conversation* qu'on parvient à posséder une langue, puisqu'il ne sert que d'introduction à l'étude qu'on veut en faire. Un choix de morceaux extraits des meilleurs auteurs en prose et en vers est seul capable de faire connaître les beautés et le génie d'une langue.

Avec le vocabulaire des noms propres, l'élève peut s'exercer à la prononciation, et des *dialogues courts et faciles* lui rendent familières les expressions les plus usuelles des deux pays. Le maître ne doit pas s'attacher à faire lire beaucoup son élève, mais à lui faire répéter souvent ce qu'il a étudié. Peu de personnes cherchent à connaître un idiome étranger dans toute sa perfection; elles se contentent d'en avoir une connaissance superficielle, qui se fortifie par l'usage avec la lecture des grands écrivains, sans juger nécessaire d'avoir recours à ces insipides *dialogues* ou *guides de la conversation.* A l'égard des *dictionnaires* pour les commençants, ils ne réunissent pas non plus les conditions requises pour l'usage qu'on en pourrait faire; car ils abondent tous en longues définitions, et embrouillent les idées de l'étudiant, qui n'y trouve presque jamais le mot ou la phrase qu'il désire.

Ces considérations m'ont engagé, tant dans mon *Guide français-portugais* que dans mes *dictionnaires,* à être le plus clair et le plus concis possible, soit en donnant aux mots et aux locutions le sens qui leur est propre, soit en indiquant si le mot est pris dans une acception figurée, basse, poétique, etc. : travail nécessaire à l'élève qui ne veut pas employer dans une composition en prose des mots poétiques, comme le font les traducteurs de nos jours, en ne consultant que des *dictionnaires* imparfaits.

Ce que je viens de dire des *dialogues* et des *dictionnaires* peut aussi s'appliquer aux *grammaires,* qui, loin de faciliter l'étude d'une langue par des règles courtes et nécessaires, appuyées sur l'exemple des bons auteurs, ne renferment, le plus souvent, qu'un verbiage hérissé de termes et de phrases barbares, qui corrompent le langage, et répugnent aux personnes habituées à la lecture des auteurs classiques.

J'ai pensé qu'en composant ce petit ouvrage dans un ordre clair et méthodique, il pourrait faciliter l'étude des langues *française* et *portugaise ;* je m'estimerai heureux si j'ai atteint ce but.

PREMIÈRE PARTIE.

PRIMEIRA PARTE.

VOCABULAIRE FRANÇAIS ET PORTUGAIS.

VOCABULARIO FRANCEZ E PORTUGUEZ.

Du Monde.	**Dô Múndo.**	**Do Moùndo.**
L'arc-en-ciel.	Ô arco-íris *ou* da vêlha.	*O àrco-ìris ó dà vèlla.*
Les astres.	Os ástros.	*Os àstros.*
Le brouillard.	Â neblína.	*A neblìna.*
Le chaud.	Ô calôr.	*O calór.*
Les constellations.	Âs constellações.	*As constelaçóens.*
L'éclair.	Ô relâmpago.	*O relàmpago.*
Les étoiles.	Âs estrêllas.	*As estrélas.*
Le firmament.	Ô firmamênto.	*O firmaminto.*
Le frais.	Ô frêsco.	*O frésco.*
Le froid.	Ô frío.	*O frìo.*
La gelée.	Â geáda.	*A geàda.*
La glace.	Ô gêlo.	*O gélo.*
La grêle.	Â pédra.	*A pèdra.*
La lumière.	Â lúz.	*A loùs.*
Les météores.	Ôs metéoros.	*Os metèoros.*
La neige.	Â névoa.	*A nèvoa.*
Les nuages.	Âs núvens.	*As noùvins.*
Les planètes.	Ôs planêtas.	*Os planétas.*
La pluie.	Â chúva.	*A choùva*
La rosée.	Ô orválho.	*O orvàllo.*
Le tonnerre.	Ô trovão.	*O trovàon.*
Le vent.	Ô vênto.	*O vinto.*
Le verglas.	Ô regêlo.	*O regélo.*

Du Temps.	**Do Têmpo.**	**Do Témpo.**
L'année.	Ô ânno.	*O àno.*
Demi-heure.	Mêia-hóra.	*Méia-hòra.*
L'heure.	Â hóra.	*A hòra.*
Le jour.	Ô día.	*O dìa.*
Midi.	Mêio-día.	*Méio-dìa.*
Minuit.	Mêia-nôite.	*Méia-nóite.*
Une minute.	Úm minúto.	*Oùm minoùto.*
Le mois.	Ô mêz.	*O més.*
La nuit.	Â nôite.	*A nóïte.*
Un quart d'heure.	Úm quárto-dê-hóra.	*Oùm qouàrto-dé-hòra.*
Une seconde.	Úm segúndo.	*Oùm segoùndo.*
Une semaine.	Úma semâna.	*Oùma semàna.*
Un siècle.	Úm século.	*Oùm sècoulo.*

Les quatre Éléments	**Os quatro Elementos.**	**Os qouàtro Elementos.**
L'air.	Ô ár.	*O àr.*
L'eau.	Â água.	*A agoùa.*
Le feu.	Ô fògo.	*O fògo.*
La terre.	Â térra.	*A tèrra.*

Les quatre Saisons.	**Âs quatro Estações.**	**Qouàtro Estaçóens.**
L'automne.	Ô outôno.	*O otóno.*
L'été.	Ô verão.	*O veràon.*
L'hiver.	Ô hinvérno.	*O hinvèrno.*
Le printemps.	Â primavéra.	*A primavèra.*

Les Mois.	**Os Mèzes.**	**Os Mézes.**
Janvier.	Janêiro.	*Janéïro.*
Février.	Feverêiro.	*Feveréïro.*
Mars.	Márço.	*Màrço.*
Avril.	Abríl.	*Abrìl.*
Mai.	Máio.	*Màio.*
Juin.	Júnho.	*Joùgno.*
Juillet.	Júlho.	*Joùllo.*
Août.	Agôsto.	*Agósto.*
Septembre.	Septêmbro.	*Settìmbro.*

Octobre.	Outúbro.	*Otoùbro.*
Novembre.	Novêmbro.	*Novimbro.*
Décembre.	Dezêmbro.	*Dezimbro.*
Les jours de la semaine.	**Os días da semâna.**	**Os dìas da semána.**
Dimanche.	Domíngo.	*Domìngo.*
Lundi.	Segúnda-fêira.	*Segoùnda-féira.*
Mardi.	Têrça-fêira.	*Térça-féira.*
Mercredi.	Quárta-fêira.	*Qoùrta-féira.*
Jeudi.	Quínta-fèira.	*Qouìnta-féira.*
Vendredi.	Sêxta-fêira.	*Sésta-féira.*
Samedi.	Sábbado.	*Sàbado.*
Les signes du Zodiaque.	**Os signos dò Zodíaco**	**Os siguenos dó Zodìaco.**
La balance.	Â líbra.	*A lìbra.*
Le bélier.	Ô carnêiro *ou* áries.	*O carnéiro.*
Le capricorne.	Ô capricórnio.	*O capricòrnio.*
L'écrevisse.	Ô câncro *ou* câncer.	*O càncro ó càncer.*
Les gémeaux.	Ôs gémeos.	*Os gèmeos.*
Le lion.	Ô leão.	*O leàon.*
Les poissons.	Ôs pêixes *ou* píscis.	*Os péiches* o *pìscis.*
Le sagittaire.	Ô sajitário.	*O sajitàrio.*
Le scorpion.	Ô escorpião.	*O escorpiàon.*
Le taureau.	Ô tôuro.	*O tòiro.*
Le verseau.	Ô aquário.	*O aqouàrio.*
La vierge.	Â vírgem.	*A vìrgim.*
Les Planètes.	**Ôs Planêtas.**	**Os Planétas.**
Jupiter.	Júpiter.	*Joùpiter.*
La lune.	Â lúa.	*A loùa.*
Mars.	Márte.	*Màrte.*
Mercure.	Mercúrio.	*Mercoùrio.*
Saturne.	Satúrno.	*Satoùrno.*
Le soleil.	Ô sól.	*O sòl.*
Vénus.	Vénus.	*Venoùs.*

Les Sens.	**Ôs Sentídos.**	**Os Sentìdos.**
Le goût.	Ô gôsto.	*O gósto.*
L'odorat.	Ô chêiro.	*O chéiro.*
L'ouïe.	Ô ouvído.	*O ovìdo.*
Le toucher.	Ô tácto.	*O tàto.*
La vue.	Â vísta.	*A vista.*
De l'Homme.	**Dô Hómem.**	**Do Hòmem.**
La barbe.	Â bárba.	*A bàrba.*
Le bas-ventre.	Ô báixo-ventre *ou* abdómen.	*O bàcho-vintre ó abdòmin.*
La bouche.	Â bôcca.	*A bóca.*
Les boyaux.	Âs trípas.	*As trìpas.*
Les bras.	Ôs bráços.	*Os bràços.*
Le cerveau.	Ô cérebro.	*O cèrebro.*
La cervelle.	Ôs miólos.	*Os miòlos.*
La chair.	Â cárne.	*A càrne.*
Les cheveux.	Ôs cabêllos.	*Os cabélos.*
Le cœur.	Ô coração.	*O coraçàon.*
Le corps.	Ô côrpo.	*O córpo.*
Les côtés.	Âs ilhárgas.	*As illàrgas.*
Le cou.	Ô pescôço.	*O pescóço.*
Le coude.	Ô cotovêlo.	*O cotovélo.*
Le crâne.	Â cavêira *ou* o crânco.	*A cavéira.*
Les cuisses.	Âs coxas.	*As cóchas.*
Les dents.	Ôs dêntes.	*Os déntes.*
Les doigts.	Ôs dêdos.	*Os dédos.*
Le dos.	Âs cóstas.	*As còstas.*
Les entrailles.	Âs entrânhas.	*As entràgnas.*
Les épaules.	Ôs hômbros.	*Os hómbros.*
L'estomac.	Ô estômago.	*O estómago.*
Les fesses.	Âs nádegas.	*As nàdegas.*
Le foie.	Ô fígado.	*O fìgado.*
Le front.	Â tésta.	*A tèsta.*
Les gencives.	Âs gengívas.	*As gingìvas.*
Le genou.	Ô joêlho.	*O joéllo.*
La gorge.	Â guéla.	*A gouèla.*
Le gosier.	Â gargânta.	*A gargànta.*

— —

Le gras de la jambe.	**Â barríga-dâ-pérna.**	*A barrìga-dà-pèrna.*
Les hanches.	**Âs cadêiras.**	*As cadéiras.*
Les intestins.	**Ôs intestínos.**	*Os intestìnos.*
La jambe.	**Â pérna.**	*A pèrna.*
Le jarret.	**Â cúrva-dâ-pérna.**	*A coùrva-dà-pèrna.*
Les joues.	**Âs fáces.**	*As fàces.*
La langue.	**Â língua.**	*A lìngoua.*
La lèvre inférieure.	**Ô bêiço-inferiòr.**	*O béiço-inferiór.*
La lèvre supérieure.	**Ô bêiço-superiòr.**	*O béiço-souperiór.*
La luette.	**Â campaínha-dâ-bôcca.**	*A campaîgna-dà-bóca.*
La mâchoire.	**Ôs quêixos.**	*Os quéichos.*
La main.	**Â mão.**	*A màon.*
Une membrane.	**Úma membrâna.**	*Oùma mimbràna.*
Un membre.	**Úm mèmbro.**	*Oùm mimbro.*
Le menton.	**Â bárba.**	*A bàrba.*
La moelle.	**Ô tutâno.**	*O toutàno.*
Les narines.	**Âs vêntas.**	*As vintas.*
Les nerfs.	**Ôs nêrvos.**	*Os nèrvos.*
Le nez.	**Ô naríz.**	*O narìs.*
Le nombril.	**Ô embigo.**	*O imbìgo.*
L'œil.	**Ô ôlho.**	*O ólho.*
Les ongles.	**Âs únhas.**	*As oûgnas.*
L'orbite.	**Â órbita.**	*A òrbita.*
Les oreilles.	**Âs orêlhas.**	*As oréllas.*
Les os.	**Ôs óssos.**	*Os òssos.*
Le palais.	**Ô paladár.**	*O paladàr.*
La paupière.	**Â capélla-dô-ôlho** *ou* **pálpebra.**	*A capèla-dò-ólho ó pàlpebra.*
La peau.	**Â cútis, â pélle.**	*A coùtis, à pèle.*
Le pied.	**Ô pé.**	*O pè.*
Le poil.	**Ô pêllo.**	*O pélo.*
La poitrine.	**Ô pêito.**	*O pëïto.*
Le pouls.	**Ô púlso.**	*O poûlso.*
Le poumon.	**Ô bófe.**	*O bòfe.*
Le prépuce.	**Ô prepúcio.**	*O prepoùcio.*
La prunelle.	**Â menína-dô-ôlho.**	*A menìna-dò-ólho.*
La rate.	**Ô báço.**	*O bàço.*
Les reins.	**Ôs ríns.**	*Os rìns.*
Les sourcils.	**Âs sobrancêlhas.**	*As sobrancéllas.*
Le talon.	**Ô calcanhár.**	*O calcagnàr.*

Les tempes.	Âs fôntes-dâ-cabêça.	*As fóntes-dà-cabéça.*
La tête.	Â cábêça.	*A cabéça.*
Les veines.	Âs vêias.	*As véias.*
Le ventre.	Â barríga *ou* ó vêntre.	*A barrìga* ó *ó vìntre.*
La vessie.	Â bexíga.	*A bechìga.*
Le visage.	Â cára, o rôsto.	*A càra, ó rósto.*
Du genre humain.	**Dô género humâno.**	**Dó gènero humáno.**
Homme.	Hómem.	*Hòmim.*
Femme.	Mulhér.	*Moulhèr.*
Vieillard.	Vélho.	*Vèllo.*
Vieille.	Vélha.	*Vèlla.*
Garçon.	Rapâz.	*Rapàs.*
Fille.	Raparíga.	*Raparìga.*
Jeune homme.	Mancêbo, môço, jóven.	*Mancébo.*
Jeune fille.	Môça, raparíga.	*Móça.*
Enfant.	Menino.	*Menìno.*
Petite fille.	Menina.	*Menìna.*
Jeune garçon.	Rapazínho.	*Rapazigno.*
Pucelle.	Donzélla.	*Donzéla.*
Vierge.	Vírgem.	*Vìrgim.*
Géant.	Gigânte.	*Gigánte.*
Nain.	Anão.	*Anáon.*
Ages.	**Idádes.**	**Idàdes.**
L'enfance.	Â infância.	*A infáncia.*
La puérilité.	Â puerícia.	*A pouerìcia.*
La jeunesse.	Â mocidáde.	*A mocidàde.*
L'adolescence.	Â adolescência.	*A adolescìncia.*
La virilité.	Â idáde-varonil.	*A idàde-varonìl.*
La maturité.	Â madurêza.	*A madouréza.*
La décadence.	Â decadéncia.	*A decadìncia.*
La vieillesse.	Â velhíce.	*A vellìce.*
L'âge décrépit.	Â idáde decrépita.	*A idàde decrèpita.*
L'âge caduc.	Â idáde caduca *ou* caducidáde.	*A idàde cadoùca.*

Propriétés du corps.	**Propriedádes dô côrpo.**	**Propriedàdes dó córpo.**
Assoupissement.	Modôrra.	*Modorra.*
Bâillement.	Bocêjo.	*Bocéjo.*
Beauté.	Bellêza, formosúra, lindêza.	*Beléza, formosoûra, lindéza.*
Bon air.	Bôas feições.	*Bóas feiçóens.*
Bonne couleur.	Bôa côr.	*Bóa cór.*
Contorsion.	Contorsão, trejêito.	*Contorsáon, trejéito.*
Démarche.	Andadúra.	*Andadoùra.*
Embonpoint.	Bôa-disposição, gordúra.	*Gordoùra.*
Engourdissement.	Intumecimênto.	*Intoumeciminto.*
Éternument.	Espírro.	*Espìrro.*
Gémissement.	Gemído.	*Gemìdo.*
Gestes.	Géstos.	*Gèstos.*
Grimace.	Carrânca, carêta.	*Carránca, caréta.*
Haleine.	Hálito, respiração.	*Hàlito, respiraçáon.*
Hoquet.	Solúço.	*Soloùço.*
Laideur.	Feialdáde.	*Feialdàde.*
Maigreur.	Magrêza.	*Magréza.*
Mauvaise couleur.	Má-côr.	*Mà-cór.*
Mine.	Tregêitos.	*Tregéitos.*
Moue.	Cáras, carrâncas.	*Càras, carráncas.*
Parole.	Palávra, vóz.	*Palàvra, vòs.*
Pleurs.	Chôro, prânto.	*Chóro, pránto.*
Posture.	Postúra.	*Postoùra.*
Port.	Estatúra, gárbo, presênça.	*Estatoùra, gàrbo.*
Ris.	Ríso.	*Rìso.*
Ronflement.	Rônco (nô sômno).	*Rónco (nó sóno).*
Rot.	Arrôto.	*Arróto.*
Santé.	Saúde.	*Saoùde.*
Sommeil.	Sômno.	*Sóno.*
Songe.	Sônho.	*Sógno.*
Soupir.	Suspíro.	*Souspiro.*
Taille.	Estatúra, tálhe.	*Estatoùra, tàlle.*
Toux.	Tóce.	*Tòce.*
Veille.	Vigília.	*Vigìlia.*
Voix.	Vóz.	*Vòs.*

Défauts du corps.	**Defèitos do côrpo.**	**Deféitos dó córpo.**
Un aveugle.	Úm cégo.	*Oùm cègo.*
Un boiteux.	Úm côxo.	*Oùm côcho.*
Un borgne.	Úm tôrto.	*Oùm tòrto.*
Une bosse.	Úma corcóva.	*Oùma corcòva.*
La chassie.	Â reméla.	*A remèla.*
Un chauve.	Úm cálvo.	*Oùm càlvo.*
Une dartre.	Úma impígem.	*Oùma impìgim.*
Une égratignure.	Úma arranhadúra.	*Oùma arragnadoùra.*
Une entorse.	Úma torcedúra.	*Oùma torcedoùra.*
Un gaucher.	Úm canhôto.	*Oùm cagnôto.*
Laid.	Fèio.	*Féio.*
Maigre.	Mágro.	*Màgro.*
Un manchot.	Úm mânco *ou* manêta.	*Oùm mànco* ô *manéta.*
Un louche.	Úm vêsgo *ou* zanága.	*Oùm vésgo* ô *zanàga.*
Une loupe.	Úm lobínho.	*Oùm lobìgno.*
Un nez camus.	Úm nariz rômbo.	*Oùm narìs rómbo.*
Des rides.	Rúgas.	*Roùgas.*
Un sourd.	Úm súrdo *ou* môuco.	*Oùm soùrdo* ô *moùco.*
La teigne.	Â tínha.	*A tìgna.*
Une verrue.	Úma verrúga.	*Oùma verroùga.*

Vertus.	**Virtudes.**	**Virtoùdes.**
L'affection.	Â affeição.	*A affeiçáon.*
L'amitié.	Â amizáde.	*A amizàde.*
L'amour.	Ò amôr.	*O amór.*
La bravoure.	Ô valôr.	*O volór.*
La chasteté.	Â castidáde.	*A castidàde.*
La civilité.	Â cortezía.	*A cortezìa.*
La complaisance.	Â complacência.	*A complacincia.*
La constance.	Â constância.	*A constáncia.*
La continence.	Â continência.	*A contìnincia.*
La douceur.	Â doçúra.	*A doçoùra.*
L'équité.	Â equidáde.	*A eqouidàde.*
La fidélité.	Â fidelidáde.	*A fidelidàde.*
L'humanité.	Â humanidáde.	*A houmanidàde.*
L'innocence.	Â innocência.	*A inocìncia.*
La libéralité.	Â liberalidáde.	*A liberalidàde.*

La modération.	Â moderação.	*A moderaçaon.*
L'obéissance.	Â obediência.	*A obedïincia.*
La patience.	Â paciênçia.	*A pacïincia.*
La prudence.	Â prudência.	*A proudincia.*
La reconnaissance,	Ô reconhecimênto, â gratidão.	*O recognecimînto, à gratidàon.*
La sagesse.	Â sabedoría.	*A sabedorìa.*
La tempérance.	Â temperânça.	*A timperànça.*
Vices.	**Vicios.**	**Vìcios.**
L'ambition.	Â ambição.	*A ambiçàon.*
L'avarice.	Â avarêza.	*A avarêza.*
La colère.	Â cólera.	*A còlera.*
La cruauté.	Â crueldáde.	*A croueldàde.*
La désobéissance.	Â desobediência.	*A desobedïincia.*
L'effronterie.	Ô desafôro, descôco, despêjo.	*O desafóro, descóco, despéjo.*
L'envie.	Â invéja.	*A invèja.*
La fierté.	Â arrogância.	*A arrogáncia.*
La flatterie.	Â lisônja.	*A lisónja.*
La hauteur.	Â altivèz.	*A altivés.*
L'hypocrisie.	Â hypocrizía.	*A hypocrizìa.*
L'impolitesse.	Â descortezía.	*A descortezìa.*
L'imprudence.	Â imprudência.	*A improudincia.*
L'impudence.	Â impudicícia.	*A impoudicìcia.*
L'incivilité.	Â incivilidáde.	*A incivilidàde.*
L'infidélité.	Â infidelidáde.	*A infidelidàde.*
L'ingratitude.	Â ingratidão.	*A ingratidàon.*
La jalousie.	Â ciúme.	*A cioùme.*
La légèreté.	Â levêza.	*A levéza.*
La malice.	Â malícia.	*A malìcia.*
La médisance.	Â maledicência.	*A maledicíncia.*
Le mensonge.	Â mentíra.	*A mintìra.*
La nonchalance.	Ô delêixo.	*O deléicho.*
L'opiniâtreté.	Â obstinação, têima.	*A obstinaçàon, téima.*
L'orgueil.	Ô orgúlho, entôno.	*O orgoùllo, intóno.*
La paresse.	Â priguíça.	*A prigouìça.*
La perfidie.	Â perfídia.	*A perfìdia.*
La peur.	Ô mêdo, sústo.	*O médo, soùsto.*

La témérité.	Â temeridáde.	*A temeridàde.*
La tiédeur.	Â tibiêza.	*A tibiéza.*
La trahison.	Â traição.	*A traiçàon.*
La tromperie.	Ô engâno.	*O ingàno.*
L'usure.	Â usúra.	*A ousoùra.*
La vanité.	Â vaidáde.	*A vaïdàde.*
Degrés de parenté.	**Graus de parentesco.**	**Gràus dé parintésco**
L'aîné.	Ô primogénito.	*O primogènito.*
L'aïeul.	Ô avô.	*O avó.*
L'aïeule.	Â avó.	*A avò.*
Les ancêtres.	Ôs antepassádos.	*Os antepassàdos.*
Le bâtard.	Ô bastárdo.	*O bastàrdo.*
La bâtarde.	Â bastárda.	*A bastàrda.*
Le beau-fils.	Ô enteádo.	*O ineteàdo.*
La belle-fille.	Â enteáda.	*A ineteàda.*
Le beau-frère.	Ô cunhádo.	*O cougnàdo.*
La belle-sœur.	À cunháda.	*A cougnàda.*
Le beau-père.	Ô sògro.	*O sógro.*
La belle-mère.	Â sógra.	*A sògra.*
Le bisaïeul.	Ô bisavô.	*O bisavó.*
La bisaïeule.	Â bisavó.	*A bisavò.*
Le cadet.	Ô filho máis môço.	*O fillo màïs móço.*
La cadette.	Â filha máis môça.	*A filla màïs móça.*
Le compère.	Ô compádre.	*O compàdre.*
La commère.	Â comádre.	*A comàdre.*
Le cousin garmain.	Ô prímo côm-irmão	*O prìmo cóm-irmàon.*
La cousine germaine.	Â príma côm-irmã.	*A prìma cóm-irmàn.*
L'enfant.	Â criânça.	*A criànça.*
Le fils.	Ô filho.	*O fillo.*
La fille.	Â filha.	*A filla.*
Le frère.	Ô irmão.	*O irmàon.*
La sœur.	Â irmã.	*A irmàn.*
Le gendre.	Ô gênro.	*O génro.*
L'héritier.	Ô herdêiro.	*O herdéiro.*
Le mari.	Ô marído.	*O marìdo.*
La marraine.	Â madrínha.	*A madrigna.*
La mère.	Â mãe *ou* mãi.	*A maìn.*
Le neveu.	Ô sobrínho.	*O sobrigno.*

La nièce.	Â sobrínha.	*A sobrìgna.*
La nourrice.	Â âmá-dê-lêite *ou* nutríz.	*A àma-dé-léite.*
L'oncle.	Ô tío.	*O tìo.*
Le parent.	Ô parênte.	*O parínte.*
La parente.	Â parênta.	*A parínta.*
Le parrain.	Ô padrínho.	*O padrìgno.*
Le père.	Ô páe *ou* pái.	*O pàe ó pài.*
Le père nourricier.	Ô marído dâ âma-dê-lêite.	*O marìdo-dà-noutrìs.*
Le pupille.	Ô pupíllo.	*O poupìlo.*
La tante.	Â tía.	*A tìa.*
Le trisaïeul.	Ô páe dô bisavô *ou* trisavô.	*O pàe dó trisavó.*
La trisaïeule.	Â mãe dô bisavô *ou* trisavô.	*A mãe dó trisavó.*
Le tuteur.	Ô tutôr.	*O toutór.*
La tutrice.	Â tutôra..	*A toutóra.*
Le veuf.	Ô viúvo.	*O vioùvo.*
La veuve.	Â viúva.	*A vioùva.*
Objets d'homme.	**Objéctos d'homem.**	**Objètos d'hòmem.**
L'anneau.	Ô annél.	*O anèl.*
Les bas de laine.	Âs mêias-dê-lã.	*As méias-dé-lán.*
Les bas de soie.	Âs mêias-dê-sêda.	*As méias-dé-séda*
Le baudrier.	Ô boldrié.	*O boldriè.*
Les bottes.	Âs bótas.	*As bòtas.*
Les bottines.	Ôs botíns.	*Os botìns.*
Les boucles.	Âs fivélas.	*As fivèlas.*
La bourse.	Â bôlsa.	*A bólsa.*
Les boutonnières.	Âs cásas (dôs botões).	*As càsas (dós botóens).*
Les boutons.	Ôs botões.	*Os botóens.*
Les brodequins.	Ôs borzeguins.	*Os borzeghìns.*
Le caleçon.	Âs cerôulas.	*As ceróilas.*
Le chapeau.	Ô chapéo.	*O chapèo.*
La chemise.	Â camísa.	*A camìsa.*
La cravate.	Â graváta.	*A gravàta.*
La culotte.	Ôs calções.	*Os calçóens.*
La doublure.	Ô forro.	*O fórro.*
Les galoches.	Ôs sóccos *ou* tamâncos.	*Os sócos ó tamáncos.*
Les gants.	Âs lúvas.	*As loùvas.*
L'habit.	Ô vestído.	*O vestìdo.*
Les jarretières.	Âs lígas.	*As lìgas.*

Les manches.	Âs mângas.	*As mànghas.*
Les manchettes.	Ôs púnhos.	*Os poùgnos.*
Le manteau.	Ô capóte.	*O capòte.*
Le mouchoir.	Ô lênço.	*O linço.*
Les pantoufles.	Âs chinélas.	*As chinèlas.*
La perruque.	Â cabellêira.	*A cabeléira.*
La redingote.	Ô reguingóte.	*O reghingòte.*
La robe de chambre.	Ô châmbre *ou* roupão.	*O chàmbre ó roupàon.*
Les souliers.	Ôs sapátos.	*Os sapàtos.*
La veste.	Â véstia.	*A vèstia.*
Objets de femme.	**Objéctos dê mulhér.**	**Objètos dé moulhèr.**
Les aiguilles.	Âs agúlhas.	*As agoùllas.*
La bague.	Ô annél.	*O anèl.*
Les boucles des cheveux.	Ôs annéis dôs cabêllos *ou* caracóes.	*Os anèis dós cabélos ó caracòes.*
Les boucles d'oreille.	Ôs brincos *ou* pingêntes.	*Os brìncos ó pìngìntes.*
Les bracelets.	Âs pulsêiras.	*As poulcéiras.*
Le busc.	Â vára-do-espartílho.	*A vàra-dó-espartìllo.*
La ceinture.	Ô cingidôuro *ou* cinto.	*O cingidoiro ó cìnto.*
Les ciseaux.	Âs tesôuras.	*As tesóiras.*
La coiffe.	Â tôuca.	*A tóca.*
Le collier de perles.	Ô collár-dê-pérolas.	*O colàr-dé-pèrolas.*
La corbeille.	Ô cêsto *ou* açafate.	*O césto ó açafàte.*
La cornette.	Â côifa-dê-nôite.	*A còifa-dé-nòïte.*
Le corset.	Ô justilho *ou* espartílho.	*O joustìllo.*
Le cure-dent.	Ô palito.	*O palìto.*
Le coussin.	Â almofáda.	*A almofàda.*
Les dentelles.	Âs rendas.	*As rindas.*
L'écharpe.	Â chárpa *ou* bânda.	*A chàrpa ó bànda.*
Les épingles.	Ôs alfinêtes.	*Os alfinétes.*
Les escarpins.	Ôs escarpíns.	*Os escarpïns.*
L'étui à épingles.	Ô estojo-d'alfinêtes.	*O estójo-d'alfinétes.*
L'éventail.	Ô léque.	*O lèqoue.*
Le fard.	Ô rebíque.	*O rebiqoue.*
Le fichu.	Ô lênço-dô-pescôço.	*O linço-dó-pescóço.*
Le fil de perles.	Â gárgantilha.	*A gargantìlla.*
La frange.	Â frânja.	*A frànja.*
Le fuseau.	Ô fúso.	*O foùso.*

La gorgerette.	Ô lencinho-dò-pèito.	*O lincìgno-dó-péito.*
Les joyaux.	Âs jóias.	*As jòias.*
La jupe.	Â sáia.	*A sàïa.*
Le jupon.	Ô guardapé.	*O gouardapè.*
Le lacet.	Ô atacadôr.	*O atacadór.*
Le manchon.	Ô manguíto, regálo.	*O manghìto, regàlo.*
Le miroir.	Ô espêlho.	*O espéllo.*
Les mitaines.	Âs lúvas-sêm-dêdos.	*As loùvas-sim-dédos.*
Les mouches.	Ôs signáes.	*Os sinàes.*
Les patins.	Òs chapíns.	*Os chapìns.*
Les poches.	Âs algibêiras.	*As algibéiras.*
Le rouet.	Â róda-dê-fiár.	*A ròda-dé-fiàr.*
Les rubans.	Âs fitas.	*As fìtas.*
La tabatière.	Â cáixa-dô-tábaco *ou* tabaquêira.	*A càcha-dó-tabàco ó tabaqouéira.*
Le tablier.	Ô avantál.	*O avantàl.*
La toilette.	Ô toucadôr.	*O tocadòr.*
Le voile.	Ô véo.	*O vèo.*

Nations.	Nações.	Naçóens.
Africain.	Africâno.	*Africàno.*
Algérien.	Argelíno.	*Argelìno.*
Allemand.	Allemão.	*Alemàon.*
Américain.	Americâno.	*Americàno.*
Anglais.	Inglêz.	*Inglés.*
Arménien.	Arménio.	*Armènio.*
Asiatique.	Asiático.	*Asiàtico.*
Autrichien.	Austríaco.	*Austrìaco.*
Brésilien.	Brasilêiro.	*Brasiléiro.*
Danois.	Dinamarquêz.	*Dinamarqoués.*
Écossais.	Escossêz.	*Escossès.*
Espagnol.	Hespanhól.	*Hespagnòl.*
Européen.	Europêu.	*Européu.*
Flamand.	Flamêngo.	*Flamingo.*
Florentin.	Florentíno.	*Florintìno.*
Français.	Francêz.	*Francés.*
Génois.	Genovêz.	*Genovés.*
Hambourgeois.	Hamburguêz.	*Hamboorgoués.*
Hongrois.	Húngaro.	*Hoùngaro.*

Indien.	Indio.	*Inedio.*
Irlandais.	Irlandêz.	*Irlandés.*
Italien.	Italiâno.	*Italiáno.*
Lapon.	Lapónio.	*Lapônio.*
Lorrain.	Lorenêz, Lorêno.	*Lorenés, Loréno.*
Maltais.	Maltêz.	*Maltés.*
Milanais.	Milanêz.	*Milanés.*
Moscovite.	Moscovíta.	*Moscovita.*
Napolitain.	Napolitâno.	*Napolitáno.*
Norvégien.	Noruégo.	*Norouègho.*
Parmesan.	Parmesâno.	*Parmesáno.*
Piémontais.	Piamentêz.	*Piemontéz.*
Polonais.	Polonêz, Poláco.	*Polonés, Polàco.*
Portugais.	Portuguêz.	*Portougouéz.*
Prussien.	Prussiâno, Prússo.	*Proussiáno, Proùsso.*
Romain.	Româno.	*Románo.*
Russe.	Rússo, Russiâno.	*Roùsso, Roussiáno.*
Saletin.	Saletíno.	*Saletìno.*
Sarde.	Sárdo.	*Sàrdo.*
Savoyard.	Saboiâno.	*Saboiáno.*
Sicilien.	Siciliâno.	*Siciliáno.*
Suédois.	Suéco.	*Souèco.*
Suisse.	Suísso.	*Souisso.*
Tartare.	Tártaro.	*Tàrtaro.*
Turc.	Túrco.	*Toùrco.*
Valencien.	Valenciâno.	*Valinciáno.*
Vénitien.	Veneziáno.	*Veneziáno.*

Dignités.	**Dignidádes.**	**Diguenidàdes.**
Ambassadeur.	Embaixadôr.	*Embaichadór.*
Ambassadrice.	Embaixatriz.	*Embaichatrìs.*
Archiduc.	Archidúque.	*Arqidoùqoue.*
Archiduchesse.	Archiduquêza.	*Arqidouqouéza.*
Baron.	Barão.	*Baràon.*
Comte.	Cônde.	*Cónde.*
Doge (le).	Dóge (o).	*Dòge (ó).*
Duc.	Dúque.	*Doùqoue.*
Duchesse.	Duquêza.	*Doùqouéza.*
Électeur	Eleitôr.	*Eleitór.*

Empereur.	Imperadòr.	*Imperadór.*
Impératrice.	Imperatriz.	*Imperatrìs.*
Marquis.	Marquêz.	*Marqoués.*
Marquise.	Marquêza.	*Marqéza.*
Milord.	Milórd.	*Milòr.*
Ministre d'État.	Minístro-d'estádo.	*Minìstro-d'estàdo.*
Ministre de la guerre.	Minístro-dà-guérra.	*Minìstro-dá-gouèrra.*
Monarque.	Monárcha *ou* Monarca.	*Monàrca.*
Prince.	Príncipe.	*Prïncipe.*
Princesse.	Princèza.	*Prïncéza.*
Régent.	Regênte.	*Reginte.*
Reine.	Raínha.	*Raìgna.*
Roi.	Rêi.	*Réi.*
Secrétaire d'État.	Secretário-d'estádo.	*Secretàrio-d'estàdo.*
Sénateur.	Senadôr.	*Senadór.*
Vice-reine.	Vice-raínba.	*Vìce-raìgna.*
Vice-roi.	Více-rêi.	*Vìce-réi.*
Vicomte.	Viscônde.	*Viscónde.*
Vicomtesse.	Viscondèssa.	*Viscondéssa.*
Sciences et Arts.	**Sciencias e Artes.**	**Sciéncias e A'rtes.**
L'alchimie.	À alchímia.	*A alquìmia.*
L'algèbre.	Â álgebra.	*A àlgebra.*
L'anatomie.	Â anatomía.	*A anatomia.*
L'architecture.	Â architectúra.	*A arquitetoúra.*
L'arithmétique.	Â arithmética.	*A aritmètica.*
L'astronomie.	Â astronomía.	*A astronomìa.*
Les belles-lettres.	Âs béllas-lêttras.	*As bèlas-létras.*
La chimie.	Â chymica.	*A chìmica.*
La chirurgie.	Â chirurgía.	*A cirourgìa.*
La cosmographie.	Â cosmographía.	*A cosmographìa.*
La dialectique.	Â dialéctica.	*A dialètica.*
La dioptrique.	Â dióptrica.	*A diòtrica.*
La généalogie.	Â genealogía.	*A geneologìa.*
La géographie.	Â geographía.	*A geographìa.*
La géométrie.	Â geometría.	*A geometrìa.*
La grammaire.	Â grammática.	*A gramàtica.*
La gravure.	Â gravúra.	*A gravoùra.*
L'histoire.	Â história.	*A història.*

L'imprimerie.	Â impressão.	*A impressáon.*
La jurisprudence.	Â jurisprudencia.	*A jourisproudincia.*
La littérature.	Â litteratúra.	*A literatoùra.*
La logique.	Â lógica.	*A lògica.*
Les mathématiques.	Âs mathemáticas.	*As mathemàticas.*
La médecine.	Â medecina.	*A medecìna.*
La musique.	Â música.	*A moùsica.*
La peinture.	Â pintúra.	*A pintoùra.*
La philosophie.	Â philosophía.	*A philosophìa.*
La physique.	Â physica.	*A phìsica.*
La poésie.	Â poesía.	*A poesìa.*
La rhétorique.	Â rhetórica.	*A retòrica.*
La sculpture.	Â esculptúra.	*A escoultoùra.*

Professions.	**Profissões.**	**Profissóens**
Académicien.	Académico.	*Acadêmico.*
Alchimiste.	Alchimísta.	*Alquimìsta.*
Anatomiste.	Anatómico.	*Anatòmico.*
Architecte.	Architécto.	*Arquitèto.*
Arithméticien.	Arithmético.	*Aritmètico.*
Astronome.	Astrónomo.	*Astrònomo.*
Chimiste.	Chymico.	*Ckìmico.*
Chirurgien.	Cirurgião.	*Cirourgiáon.*
Ciseleur.	Sinzeladôr.	*Sinzeladór.*
Grammairien.	Grammático.	*Gramàtico.*
Graveur.	Gravadôr.	*Gravadór.*
Imprimeur.	Impressôr.	*Impressór.*
Libraire.	Livrêiro	*Livréiro*
Logicien.	Lógico.	*Lógico.*
Maître d'armes.	Méstre-d'esgríma.	*Mèstre-d'esgrìma.*
Maître de chant.	Méstre-dê-cânto.	*Mèstre-dé-cánto.*
Maître de danse.	Méstre-dê-dânça.	*Mèstre-dé-dança.*
Maître d'école.	Méstre-d'eschóla.	*Mèstre-d'escòla.*
Maître de langue.	Mestre-dê-línguas.	*Mèstre-dé-lingoùas.*
Maître de manége.	Méstre-dê-picaría.	*Mèstre-dé-picarìa.*
Maître ès arts.	Méstre-êm-ártes.	*Mèstre-im-àrtes.*
Mathématicien.	Mathemático.	*Matemàtico.*
Médecin.	Médico.	*Mèdico.*
Musicien.	Músico.	*Moùsico.*

Peintre.	Pintôr.	*Pintór.*
Philosophe.	Philósopho.	*Philòsopho.*
Physicien.	Physico.	*Phìsico.*
Poëte.	Poéta.	*Poêta.*
Rhétoricien.	Rhetórico.	*Rhetòrico.*
Sculpteur.	Esculptôr.	*Escoùltór.*
Statuaire.	Estatuário.	*Estatouário.*
Métiers.	**Officios.**	**Officios.**
Amidonnier.	Gommêiro.	*Goméiro.*
Armurier.	Armêiro.	*Arméiro.*
Bahutier.	Bahulêiro.	*Baouléiro.*
Barbier.	Barbêiro.	*Barbéiro.*
Batelier.	Barquêiro.	*Barqéiro.*
Bonnetier.	Barretêiro.	*Barretéiro.*
Boucher.	Carnicêiro.	*Carnicéiro.*
Boulanger.	Padêiro.	*Padéiro.*
Brasseur.	Cervejêiro.	*Cervejéiro.*
Brodeur.	Bordadôr.	*Bordadór.*
Cabaretier.	Tabernêiro.	*Tabernéiro.*
Cafetier.	Vendedôr-dê-café.	*Vendedór-dé-cafè.*
Carrossier.	Sejêiro.	*Sejéiro.*
Cartier.	Cartêiro.	*Cartéiro.*
Chapelier.	Chapelêiro, sombreirêiro.	*Chapeléiro.*
Charbonnier.	Carvoêiro.	*Carvoéiro.*
Charcutier.	Toucinbêiro.	*Tocignéiro.*
Charpentier.	Carpintêiro.	*Carpïntéiro.*
Charron.	Carpintêiro-dê-cárros.	*Carpïntéiro-dé-càrros.*
Chaudronnier.	Caldeirêiro.	*Caldeiréiro.*
Cloutier.	Preguêiro.	*Pregouéiro.*
Confiseur.	Confeitêiro.	*Confeitéiro.*
Cordonnier.	Sapatêiro.	*Sapatéiro.*
Corroyeur.	Surradôr.	*Sourradór.*
Courtier.	Corretôr.	*Corretór.*
Coutelier.	Cutelêiro.	*Couteléiro.*
Crocheteur.	Mariόla.	*Mariòla.*
Épicier.	Especiêiro, tendêiro.	*Especiéiro, tendéiro.*
Épinglier.	Alfinetêiro.	*Alfinetéiro.*
Faïencier.	Loucêiro.	*Locéiro.*
Fondeur.	Fundidôr.	*Foundidór.*

Forgeron.	Ferrêiro.	*Ferréiro.*
Fossoyeur.	Cavadòr, covêiro.	*Cavadór, covéiro.*
Fripier.	Adélo.	*Adèlo.*
Gagne-petit.	Amoladòr.	*Amoladór.*
Gantier.	Luvêiro.	*Louvéiro.*
Horloger.	Relojoêiro.	*Relojoéiro.*
Lapidaire.	Lapidário.	*Lapidàrio.*
Limonadier.	Limonadêiro.	*Limonadéiro.*
Lunetier.	Oculista.	*Ocoulìsta.*
Maquignon.	Contractadòr-dê-bêstas.	*Contratadór-dé-bèstas.*
Marbrier.	Marmorêiro.	*Marmoréiro.*
Marchand.	Mercadòr.	*Mercadór.*
Matelassier.	Colchoêiro.	*Colchoéiro.*
Meunier.	Molêiro.	*Moléiro.*
Mitron	Môço-dê-pastelêiro.	*Móço-dé-pasteléiro.*
Muletier.	Almocréve.	*Almocrève.*
Orfèvre.	Ourívcs.	*Orìves.*
Parfumeur.	Ô quê vênde perfúmes, perfumista.	*O qoué vénde perfoùmes, perfoumìsta.*
Passementier.	Passamanêiro.	*Passamanéiro.*
Pâtissier.	Pastelêiro.	*Pasteléiro.*
Paveur.	Calcetêiro.	*Calcetéiro.*
Pêcheur.	Pescadòr.	*Pascadór.*
Perruquier.	Cabelleirêiro.	*Cabeleiréiro.*
Ramoneur.	Limpadòr-dê-chaminés.	*Limpadór-dé-chaminés*
Ravaudeuse.	Palmilhadêira.	*Palmilladéira.*
Relieur.	Encadernadòr.	*Encadernadór.*
Rôtisseur.	Ô quê vênde cárne assáda.	*Assadór.*
Sage-femme.	Partêira.	*Partéira.*
Savetier.	Remendão.	*Remindáon.*
Sellier.	Sellêiro.	*Seléiro.*
Serrurier.	Serralhêiro.	*Serralléiro.*
Tailleur.	Alfaiáte.	*Alfaïàte.*
Tanneur.	Cortidòr.	*Cortidór.*
Tapissier.	Tapessêiro, armadòr.	*Tapesséiro, armadór.*
Teinturier.	Tincturêiro.	*Tintouréiro.*
Tisserand.	Tecelão.	*Tecelàon.*
Tonnelier.	Tanoêiro.	*Tanoéiro.*
Vitrier.	Vidracêiro.	*Vidracéiro.*
Voiturier.	Arriêiro; carrocêiro.	*Arriéiro, carrocéiro.*

Domestiques.	Criados.	Criàdos.
Balayeur.	Varredòr.	*Varreaòr.*
Chambellan.	Camarêiro.	*Camaréiro.*
Cocher.	Cochêiro.	*Cochéiro.*
Commissionnaire.	Commissário.	*Comiçàrio.*
Concierge.	Guárda-cháves, guárda-portão.	*Gouàrda-chàves, gouàrda-portaon.*
Coureur.	Andarílho.	*Andarillo.*
Cuisinier.	Cuzinhêiro.	*Couzignéiro.*
Dépensier.	Despensêiro.	*Despenséiro.*
Échanson.	Copêiro.	*Copéiro.*
Écuyer.	Escudêiro.	*Escoudéiro.*
Femme de chambre.	Criáda-dê-câmara, camarêira.	*Criàda-dé-càmara, camaréira.*
Gouvernante.	Âma, áia.	*Ama, àia.*
Homme d'affaires.	Procuradòr-dê-câusas.	*Procouradòr dé càosas.*
Intendant.	Administradòr, mordômo.	*Administradòr.*
Laveuse, blanchisseuse.	Lavadêira.	*Lavadéira.*
Marmiton.	Bícho-dâ-cuzínha.	*Bicho-dà-couzigna*
Messager.	Messagêiro *ou* mensageiro.	*Mensagéiro.*
Page.	Págem.	*Pàgim.*
Palefrenier.	Palafrenêiro.	*Palafrenéiro.*
Porteur de chaise.	Môço-dê-cadeirínha.	*Móço-dé-cadeirìgna.*
Portier.	Portêiro.	*Portéiro.*
Postillon.	Postilhão.	*Postillàon.*
Pourvoyeur.	Compradòr.	*Compradòr.*
Repasseuse.	Engommadêira.	*Ingomadéira.*
Secrétaire.	Secretário.	*Secretàrio.*
Servante.	Criáda.	*Criàda.*
Sommelier.	Repostêiro.	*Repostéiro.*
Valet.	Criádo.	*Criàdo.*
Valet de chambre.	Criádo-dê-câmara, guárda-rôupa.	*Criàdo-dé-càmara, gouarda-ròpa.*
Valet de pied, laquais.	Locaio.	*Locàio.*

Maladies.	Doenças.	Doénças.
L'apoplexie.	Â appolexia.	*A apoplechia.*
L'asthme.	Â ásthma.	*A àsma.*
La colique.	Â cólica.	*A còlica.*

La diarrhée.	Â diarrhéa.	*A diarréa*
La dysenterie.	Â dissentéria.	*A dissintéria.*
Les écrouelles.	Âs alpôrcas.	*As alpórcas.*
La fièvre.	Â fébre.	*A fèbre.*
Le flux de sang.	Ô flúxo-dê-sângue.	*O floûcho-dé-sangue.*
Une fluxion.	Úma fluxão.	*Oùma flouchaon.*
La gale.	Â sárna.	*A sàrna.*
La goutte.	Â gôtta.	*A góta.*
La jaunisse.	Â icterícia.	*A icterìcia.*
La mélancolie.	Â melancolía.	*A melancolìa.*
La migraine.	Â enxaquêca.	*A enchaqouéca.*
Un panaris.	Úm panarício.	*Oùm panarìcio.*
La petite vérole.	Âs bexígas.	*As bechìgas.*
La phthisie.	Â tísica.	*A tìsica.*
Une plaie.	Úma chága.	*Oùma chàga.*
Une pleurésie.	Úm pleuríz.	*Oùm pleurìs.*
Un rhumatisme.	Úm rheumatismo.	*Oùm reumatìsmo.*
Un ulcère.	Úma úlcera.	*Oùma oùlcera.*
Le vomissement.	Ô vómito.	*O vòmito.*

Remèdes.	**Remédios.**	**Remèdios.**
De l'antimoine.	Antimónio.	*Antimònio.*
Un cataplasme.	Uma cataplásma.	*Oùma cataplàsma.*
Un cautère.	Úm cautério, úma fônte.	*Oùm cautèrio.*
De la charpie.	Fíos (pâra ferídas).	*Fìos (pàra ferìdas).*
Une décoction.	Úma decocção.	*Oùma decocçaon.*
La diète.	Â diéta.	*A dièta.*
Un emplâtre.	Úm emplásto.	*Oùm implàsto.*
Un gargarisme.	Úm gargarêjo.	*Oùm gargaréjo.*
De la guimauve.	Malvaísco.	*Malvaìsco.*
Une incision.	Úma sarjadúra.	*Oùma sarjadoùra.*
Une infusion.	Úma infusão.	*Oùma infousàon.*
Du laudanum.	Láudano.	*Làudano.*
Un lavement.	Úma ajúda.	*Oùma ajoùda.*
Une médecine.	Úma púrga.	*Oùma poùrga.*
Du mercure.	Vivo-azôugue.	*Vìvo-azógoue.*
De l'onguent.	Unguênto.	*Oungoùinto.*
De l'opiat.	Opiáta.	*Opiàta.*
Une pilule.	Úma pírola.	*Oùma pìrola.*

De la rhubarbe.	Rheubárbo.	*Rheoubàrbo.*
Une saignée.	Uma sangría.	*Oùma sangrìa.*
Les sangsues.	Sanguisúgas.	*Sangouechoùgas.*
Du séné.	Séne.	*Sène.*
Du sirop.	Xarópe.	*Charòpe.*
De la thériaque.	Triága.	*Triàgoua.*
Un vomitif.	Úm vomitório.	*Oùm vomitòrio.*
Parties d'une ville.	**Pártes d'úma cidáde.**	**Pàrt. d'oùma cidade**
L'arsenal.	Ô arsenál	*O arsenàl.*
L'auberge.	Â estalájem.	*A estalàjim.*
La barrière.	À barrêira.	*A barréira.*
La boucherie.	Ô açôugue.	*O açógoue.*
Les boutiques.	Âs lójas.	*As lòjas.*
Un cabaret.	Úma tabérna.	*Oùma tabèrna.*
Un carrefour.	Úma encruzilháda.	*Oùma encrouzillàda.*
La caserne.	Ô quartél.	*O qouartèl.*
La cathédrale.	Â cathedrál *ou* sé.	*A catedràl, à sè*
Le château.	Ô castéllo.	*O castèlo.*
Les chaussées.	Âs calçádas.	*As calçàdas.*
Le corps-de-garde.	Ô côrpo-dâ-guárda.	*O córpo-dà-gouàrda.*
Les couvents.	Os couvêntos.	*Os convéntos.*
Un cul-de-sac.	Úm bêco-sêm-sahída *ou* chancúdo.	*Oùm béco-sim-saïda o chancoùdo.*
L'église.	Â igrêja.	*A igréja.*
L'égoût.	Ô câno.	*O càno.*
Des fontaines.	Fôntes.	*Fòntes.*
Les fortifications.	Âs fortificações.	*As fortificaçòens.*
Des fossés.	Fóssos.	*Fòssos.*
Une gargote.	Úma bodêga, baiúca, tásca.	*Oùma bodéga.*
Des hôpitaux.	Hospitáes.	*Hospitàes.*
L'hôtel-de-ville.	Â cása-dô-senádo, â câmara.	*A càsa-dò-senàdo, à càmara.*
Le marché.	Ô mercádo.	*O mercàdo.*
Les murailles.	Âs murálhas.	*As mouràllas.*
Les obélisques.	Ôs obeliscos.	*Os obelìscos.*
L'observatoire.	Ô observatório.	*O observatòrio.*
Les palais.	Ôs palácios.	*Os palacios.*
La paroisse.	Â freguezía.	*A fregouezìa.*

Les places.	Âs práças.	*As práças.*
La place d'armes.	Â práça-d'ármas.	*A práça-d'àrmas.*
Le pont.	Â pônte.	*A pônte.*
Le port.	Ô pòrto.	*O pòrto.*
Les portes.	Âs portas.	*As pòrtas.*
La prison.	Â cadêia.	*A cadéia.*
Le puits.	Ô pôço.	*O póço.*
Le quai.	Ô cáes.	*O càes.*
Les remparts.	Ôs murálhas.	*Os mouràllas.*
Les rues.	Âs rúas.	*As roùas.*
Les temples.	Ôs têmplos.	*Os tìmplos.*
Parties d'un édifice.	**Pártes d'úm édifício.**	**Pàrt. d'oùm edificio**
L'antichambre.	Â ânte-câmara.	*A ànte-càmara.*
L'appartement.	Ô aposênto, ô quárto.	*O aposinto, ò qouàrto.*
L'arcade.	Â arcáda.	*A arcàda.*
L'arche.	Ô arco.	*O àrco.*
L'âtre.	Ô lár.	*O làr.*
Le bain.	Ô bânho.	*O bàgno.*
Le balcon.	Ô balcão, â varânda.	*G balcàon, à varànda.*
La balustrade.	Â balaustráda..	*A balouståda.*
La basse-cour.	Ô pátio.	*O pàtio.*
La bibliothèque.	Â livraría.	*A livrarìa.*
La boulangerie.	Â amassaría.	*A amassarìa.*
Le cabinet.	Ô gabinête.	*O gabinéte.*
La chambre.	Â câmara.	*A càmara.*
Un chapiteau.	Úm capitél.	*Oùm capitèl.*
La cheminée.	Â chaminé.	*A chaminè.*
La citerne.	Â citérna.	*A citèrna.*
La clef.	Â cháve.	*A chave.*
Une cloison.	Úm tabíque.	*Oùma tabìqoue.*
Le colombier.	Ô pombál.	*O pombàl.*
Une colonne.	Úma colúmna.	*Oùma caloùna.*
Les commodités.	Â secréta.	*A secrèta.*
Une corniche.	Úma corníja.	*Oùma cornìja.*
La cuisine.	Â cuzínha.	*O coùzigna.*
La dépense.	Â despênsa.	*A despinsa.*
Le dôme.	Ô zimbório.	*O zimbòrio.*
Le donjon.	Ô torreão.	*O torreàon.*

L'écurie.	Â estrebaría.	*A estrebarìa.*
L'escalier.	Â escáda.	*A escàda.*
L'étage.	Ô andár-dê-cásas.	*O andàr-dé-càsas.*
La façade.	Ô frontespício.	*O frontespìcio.*
Le faîte.	Ô remáte.	*O remàte.*
La fenêtre.	Â janélla.	*A janèla.*
Les fondements.	Ôs alicérces.	*Os alicèrces.*
Le four.	Ô fòrno.	*O fórno.*
La fromagerie.	Â queijaría.	*A qoueijarìa.*
La fruiterie.	Ô logár pàra frúcta.	*O logàr pàra frouta.*
La galerie.	Â galería.	*A galeria.*
Le galetas.	Ô sotão.	*O sòtaon.*
Le garde-meuble.	Ô guárda-móveis.	*O gouarda-mòveis.*
La glacière.	Â nevêira.	*A nevéira.*
La gouttière.	Â gotêira.	*A gotéira.*
Le grenier.	Ô cellêiro.	*O celéiro.*
Le guichet.	Ô postígo.	*O postigo.*
Les jalousies.	Âs gelosías.	*As gelosïas.*
La laiterie.	Â leitería.	*A leiteria.*
Le lambris.	Ô fòrro-dô-técto.	*O fórro-dé-tèto.*
Le loquet.	Â tranquêta.	*A tranqouéta.*
Une marche.	Úm degráu.	*Oùm degrào.*
La muraille.	Â parêde.	*A parède.*
Un œil-de-bœuf.	Úma clarabóia.	*Oùma clarabòia.*
L'office.	Â cópa.	*A còpa.*
Le parquetage.	Â parquetágem.	*A parqouetàgim.*
Le pavé.	Ô calçádo-dè-pédra.	*O calçàdo-dé-pèdra.*
Les pierres.	Âs pédras.	*As pědras.*
Les piliers.	Ôs pilárcs.	*Os pilàres.*
Le plafond.	Ô técto-d'estúque.	*O tèto-d'estoùque.*
Le plancher.	Ô técto-dâ-cása.	*O tèto-dà-càsa.*
Les planches.	Âs tábuas.	*As tàbouas.*
La porte.	Â pórta.	*A pòrta.*
Les poutres.	Âs vigas, ôs barrótes.	*As vìgas, ós barròtes.*
La remise.	Â cochêira.	*A cochéira.*
Le réservoir.	Ô tânque.	*O tànqoue.*
La salle.	Â sála.	*A sàla.*
Le salon.	Ô salão.	*O salàon.*
La serrure.	Â fechadúra.	*A fachadoùra.*
Le soliveau.	Ô barrotezínho.	*O barrotezigno.*

Un soupirail.	Â frésta.	*A frèsta.*
La terrasse.	Ô eirádo, ô terráço.	*O eiràdo, ó terraço.*
Le toit.	Ô telhádo.	*O tellàdo.*
Les tuiles.	Âs têlhas.	*As téllas.*
Les volets de la fenêtre.	Âs bandêiras, âs pórtas-dê-janéllas.	*As bandéiras, as pòrtas-dé-janélas.*
La voûte.	Â abóbada.	*A abòbada.*

Meubles d'une maison.	**Móveis d'úma cása.**	**Mòveis d'oùma càsa.**
L'armoire.	Ô armário.	*O armàrio.*
Le buffet.	Ô bufête.	*O boufète.*
Le bureau.	Ô escriptório.	*O escritòrio.*
Les chaises.	Âs cadêiras.	*As cadéiras.*
Les coffres.	Ôs cófres.	*Os còfres.*
Le dais.	Ô docél.	*O docèl.*
Le fauteuil.	Â cadêira-dê-bráços.	*A cadéira-dé-bràços.*
Le garde-manger.	Ô armário, â despênsa.	*O armario, à despinsa.*
Les guéridons.	Ôs veladóres.	*Os veladòres.*
Le lit.	Â câma.	*A càma.*
Les lustres.	Ôs lústres.	*Os loùstres.*
Les miroirs.	Ôs espélhos.	*Os espèllos.*
Les nattes.	Âs estêiras.	*As estéiras.*
Les rideaux.	Âs cortínas.	*As cortìnas.*
Le sofa.	Ô canapé.	*O canapè.*
Les tableaux.	Ôs quádros.	*Os qouàdros.*
Les tabourets.	Ôs tamborêtes.	*Os tamboréte.*
La tapisserie.	Ô pânno-dê-ráz.	*O pàno-dé-ràs.*
La vaisselle.	Â baixélla..	*A bachèla.*

Divers objets.	**Divérsos objéctos.**	**Divèrsos objètos.**
L'aiguière.	Ô gomíl.	*O gomìl.*
La baignoire.	Â cúba.	*A coùba.*
Le balai.	Â vassôura.	*A vassóïra.*
Le banc.	Ô bânco.	*O bànco.*
Le barril.	Ô barríl.	*O barrìl.*
Le bassin.	Â bacía.	*A bacìa.*

La bassinoire.	Ô esquentadôr.	*O esqouentadòr.*
Le broc.	Ô cântaro.	*O cántaro.*
La chandelle.	Â véla.	*A vèla.*
L'écran.	Ô anteparo-dô-fôgo.	*O antepàro-dó-fógo.*
L'essuie-main.	Â toálha-dê-mãos.	*A toàlla-dé-máons.*
La fiole.	Â garrafínha.	*A garafìgna.*
Le flacon.	Ô frásco.	*O fràsco.*
Le flambeau.	Â tócha, o castiçál.	*A tòcha, ó castiçàl.*
La lanterne.	Â lantêrna.	*A lantèrna.*
Les pincettes.	Âs tenázes.	*As tenàzes.*
Le porte-manteau.	Â mála.	*A vèla.*
Le pot de chambre.	Ô bispóte.	*O bispòte.*
Le seau.	Ô bálde.	*O bàlde.*
Le tapis.	Ô tapête.	*O tapéte.*
Le tonneau.	Ô tonél.	*O tonèl.*
La volière.	Ô vivêiro-dê-pássaros.	*O vivéiro-dé-pàssaros.*
Ustensiles de cuisine.	**Ustensílios dê cuzínha.**	**Ustensìlios dé couzígna.**
L'allumette.	Â mécha.	*A mècha.*
La batterie de cuisine.	Â lôuça-dê-cuzínha.	*A lóïça-dé-couzìgna.*
Le bois.	Â lenha.	*A legna.*
La broche.	Ô espêto.	*O espéto.*
La brochette.	Ô espetínho.	*O espetigno.*
Les casserolles.	Âs cassarólas.	*As cassaròlas.*
Les cendres.	Âs cinzas.	*As cìnzas.*
Le charbon.	Ô carvão.	*O carváon.*
La chaudière.	Â caldêira.	*A caldéira.*
Le chaudron.	Ô caldeirão.	*O caldéiráon.*
Les chenets.	Ôs férros-dâ-chaminé.	*Os fèrros-dà-chaminè.*
Le coquemar.	Ô escalfadôr.	*O escalfadór.*
Le couloir.	Ô coadôr.	*O coadór.*
Le couteau.	Â fáca.	*A fàca.*
Le couvercle.	Â tâmpa.	*A támpa.*
La crémaillère.	Ô férro dê pendurár táchos, etc.	*O fèrro dé pïndourâr tàchos, etc.*
Le crible.	Ô crívo.	*O crìvo.*
La cruche.	Â bílha.	*A bìlla.*
Les écuelles.	Âs escudéllas.	*As escoudèlas.*

L'écumoire.	Â escumadêira.	*A escoumadéira.*
L'entonnoir.	Ô funil.	*O founil.*
L'éponge.	Â espônja.	*A espònja.*
L'étincelle.	Â faísca.	*A faìsca.*
Le feu.	Ô fôgo.	*O fógo.*
Le fourneau.	Ô fogarêiro.	*O fogaréiro.*
La fumée.	Ô fúmo.	*O foúmo.*
Le gril.	Âs grélhas.	*As grèllas.*
La lardoire.	Â lardeadêira.	*A lardeadéira.*
La léchefrite.	Â pingadéira.	*A pingadéira.*
La marmite.	Â panélla.	*A panèla.*
La pelle.	Â pá.	*A pà.*
Les plats.	Ôs prátos.	*Os pràtos.*
La poële.	Â frigidêira.	*A frigidéira.*
La ratissoire.	Ô raspadôr.	*O raspadór.*
Le réchaud.	Ô rechó.	*O rechò.*
Le robinet.	Â tornêira.	*A tornéira.*
Le soufflet.	Ôs fólles.	*Os fòles.*
Le tamis.	Â penêira.	*A penéira.*
Un tison.	Úm tição.	*Oùm tiçáon.*
Un torchon.	Úma rodílha.	*Oùma rodìlla.*
Le tournebroche.	Ô engênho dê virár ô espêto.	*O ingégno dé viràr ó espéto.*

Du lit.	**Da cama.**	**Da cáma.**
Le bois de lit.	Â madêira dâ câma.	*A madéira dà cáma.*
La courte-pointe.	Â côlcha.	*A cólcha.*
La couverture.	Ô cabertôr.	*O cabertór.*
Les draps.	Ôs lençóes.	*Os lençòes.*
Le fond du lit.	Ô sôbre-céo-dâ-câma.	*O sóbre-cèo-dà-cáma.*
La garniture.	Â guarnição.	*A guarniçáon.*
Les matelas.	Ôs colchões.	*Os colchóens.*
L'oreiller.	Â almofáda.	*A almofàda.*
La paillasse.	Ô enxergão	*O inchergáon.*
Les pieds du lit.	Ôs pés dâ câma.	*Os pès dà cáma.*
Les piliers du lit.	Ôs piláres dâ câma.	*Os pilàres dà cáma.*
Les rideaux.	Âs cortinas.	*As cortìnas.*
La ruelle du lit.	Ô espáço entre â câma ê â parêde	*O espàço intre à cáma é à paréde.*

La taie de l'oreiller.	Â frônha dâ almofáda.	*A frógna dá almofàda.*
La tête du lit.	Â cabecêira-dâ-câma.	*A cabecéira-dà-càma.*
Le traversin.	Ô travessêiro.	*O travesséiro.*
Pour la table.	**Para a mêza.**	**Pára á méza.**
Des assiettes.	Pratos.	*Pràtos.*
La bouteille.	Â garráfa.	*A garràfa.*
Les couteaux.	Fácas.	*Fàcas.*
De la croûte de pain.	Côdea dê pão.	*Códea dé páon.*
Des cuillers.	Colhéres.	*Colléres.*
Des écuelles.	Tigéllas.	*Tigèlas.*
Des épiceries.	Especiarías.	*Especiarìas.*
De la mie de pain.	Miôlo-dê-pão.	*Miólo-dé-páon.*
Le moutardier.	Â mostardêira.	*A mostardéira.*
La nappe.	Â toálha.	*A toàlla.*
Du pain.	Pão.	*Páon.*
Le poivrier.	Â pimentêira.	*A pimintéira.*
La salière.	Ô salêiro.	*O saléiro.*
Des verres.	Cópos.	*Còpos.*
Le vinaigrier.	Â vinagrêira.	*A vinagréira.*
Le cabaret.	Â bandêja.	*A bandéja.*
La cafetière.	Â cafetêira.	*A cafetéira.*
La chocolatière.	Â chocolatêira.	*A chocolatéira.*
Les soucoupes.	Ôs píres.	*Os pìres.*
Les tasses.	Âs chícaras.	*As chìcaras.*
La théière.	Ô búle.	*O boùle.*
Mets.	**Manjáres.**	**Manjàres.**
Un aloyau.	Lômbo-dê-vácca.	*Lòmbo-dé-vàca.*
Du boudin.	Chouríço-dê-sângue.	*Chóriço-dé-sàngoue.*
Du bouilli.	Cozído.	*Cozìdo.*
Du bouillon.	Cáldo.	*Càldo.*
Des beignets.	Filhózes.	*Fillòzes.*
Une compote.	Úma compóta.	*Oúma compòta.*
Des confitures.	Dôces.	*Dóces.*
Du consommé.	Cáldo-dê-substância.	*Càldo-dé-soustáncia.*
Le dessert.	Â sobremêza.	*A sobreméza.*
Des dragées.	Confêitos.	*Conféitos.*

Des échaudés.	Bôlos-folhádos.	*Bólos-follàdos.*
Une andouille.	Úm chouríço.	*Oũm chorìço.*
Un entremets.	Úm prâto-dô-mêio.	*Oũm pràto-dô-méio.*
Une épaule de mouton.	Úm quárto-dê-carnêiro.	*Quàrto-dé-carnéiro.*
Une étuvée.	Úm estufádo.	*Oùm estoufàdo.*
Une farce.	Úm rechêio.	*Oùm rechéio.*
Une fougasse.	Úma fogáça.	*Oùma fogàça.*
Une fricassée.	Úm fricassé.	*Oùm fricassé.*
Un fromage.	Úm quêijo.	*Oùm qouéijo.*
Du fruit.	Frúcta.	*Froùta.*
Un gâteau.	Úm bòlo.	*Oùm bólo.*
Des gaufres.	Filhózes.	*Fillòzes.*
De la gelée.	Geléia.	*Geléia.*
Du gibier.	Cáça.	*Caça.*
Un gigot.	Úma pérna-dê-carnêiro.	*Pérna-dé-carnéiro.*
De la graisse de cochon.	Mantêiga-dê-pòrco.	*Mantéiga-dé-pòrco.*
Une grillade.	Cárne assáda nâ grêlha.	*Càrne assáda nà grélla.*
Du jambon.	Presúnto.	*Presoùnto.*
Du lait.	Lêite.	*Léite.*
Du lait caillé.	Lêite-coalhádo.	*Léite-coallàdo.*
Des laitues.	Alfáces.	*Alfàces.*
Du lard.	Toucínho.	*Toïcìgno.*
Des légumes.	Legúmes.	*Legoùmes.*
Une longe de veau.	Lômbo-dê-vitélla.	*Lómbo-dé-vitéla.*
De la marmelade.	Marmeláda.	*Marmelàda.*
Des massepains.	Massapães.	*Massapàens.*
De la moutarde.	Mostárda.	*Mostàrda..*
Des œufs.	Óvos.	*Ovos.*
Une omelette.	Úma fritáda-d'óvos	*Oùma fritàda-d'òvos.*
Un pâté.	Úm pastél.	*Oùm pastél.*
De la pâtisserie.	Pastelería.	*Pasteleria.*
Du poisson.	Pêixe.	*Péiche.*
Une poivrade.	Môlho côm pimênta.	*Mólho cóm piminta.*
Un potage.	Úma potágem.	*Oùma potàgim.*
Une purée.	Súcco d'ervílhas.	*Soùcco d'ervillas.*
Un ragoût.	Úm guisádo.	*Oùm ghisàdo.*
Du riz.	Arròz.	*Arròs.*
Du rôti.	Assádo.	*Assàdo.*
De la salade.	Saláda.	*Selàda.*
De la sauce.	Môlho.	*Mólho.*

Des saucisses.	Salchíchas.	*Salchìchas.*
Une tartelette.	Úma queijadínha.	*Oùma qoueijadigna.*
Une tourte.	Úma tórta.	*Oùma tòrta.*
Une tranche.	Úma talháda.	*Oùma tallàda.*
De la viande.	Cárne.	*Càrne.*
Assaisonnement.	**Tempêro.**	**Timpéro.**
Le l'ail.	Álho.	*Allo.*
De la canelle.	Canélla.	*Canèla.*
Des câpres.	Alcapárras.	*Alcapàrras.*
Des champignons.	Cogumélos.	*Cogoumèlos.*
Des ciboules.	Cebòlas-pequênas.	*Cebòlas peqouènas.*
Des citrons.	Limões.	*Limòens.*
Des cloux de girofle.	Crávos.	*Cràvos.*
Des échalotes.	Cebolínhas.	*Cebolignas.*
Du gingembre.	Gengíbre.	*Gingibre.*
De l'huile.	Azêite.	*Azéite.*
Du laurier.	Lôuro.	*Lòïro.*
De la moutarde.	Mostárda.	*Mostàrda.*
De la noix muscade.	Nóz-muscáda.	*Nòs-mouscàda.*
Des oignons.	Cebôlas.	*Cebòlas.*
Des oranges.	Larânjas.	*Larànjas.*
Du persil.	Sálva.	*Sàlva.*
Des pignons.	Pinhões.	*Pignòens.*
Du poivre.	Piménta.	*Pimìnta.*
Du sain-doux.	Únto.	*Oùnto,*
Du sel.	Sál.	*Sàl.*
Du sucre.	Açúcar.	*Açoùcar.*
Des truffes.	Trúfas.	*Troùfas.*
Du verjus.	Agráço.	*Agraço.*
Du vinaigre.	Vinágre.	*Vinàgre.*
Salades.	**Saládas.**	**Salàdas.**
Des asperges.	Espárgos.	*Espàrgos.*
De la betterave.	Beterrába.	*Beterràba.*
Des cardes.	Cárdos.	*Càrdos.*
Du céleri.	Aipo.	*Aïpo.*
Du cerfeuil.	Cerefólio.	*Cerefòlio.*

De la chicorée.	Chicória.	*Chicòria.*
Des choux-fleurs.	Côuve-flôr.	*Couve-flór.*
Des concombres.	Pepínos.	*Pepìnos.*
Du cresson.	Agriões.	*Agriòens.*
Des herbes.	Hérvas.	*Hèrvas.*
Du pourpier.	Beldroégas.	*Beldroègas.*
Boissons.	**Bebídas.**	**Bebìdas.**
De la bière.	Cervêja.	*Cervéja.*
Du café.	Café.	*Cafè.*
Du cidre.	Cídra.	*Cidra.*
Du chocolat.	Chocoláte.	*Chocolàte.*
Du lait.	Lêite.	*Léite.*
De l'eau.	Água.	*Agoua.*
De l'eau-de-vie.	Água-ardênte.	*Agoua-ardinte.*
De la limonade.	Limonáda.	*Limonàda.*
Des liqueurs.	Liquôres.	*Liqóres.*
De l'orgeat.	Orxáta.	*Orchàta.*
De la piquette.	Água-pé.	*Agoua-pè.*
Du sirop.	Xarópe.	*Charòpe.*
Du thé.	Chá.	*Chà.*
Vins.	**Vínhos.**	**Vìnhos.**
Vin d'Alicante.	Alicânte.	*Alicánte.*
Bordeaux.	Bordéos.	*Bordéos.*
Bourgogne.	Borgônha.	*Borgógna.*
Cahors.	Cahórs.	*Cahòrs.*
Champagne.	Champânha.	*Champágna.*
Lacryma-Christi.	Lacryma-Chrísti.	*Làcryma-Chrìsti.*
Madère.	Madêira.	*Madéira.*
Muscat.	Muscatél.	*Mouscatèl.*
Porto.	Pôrto.	*Pórto.*
Vin blanc.	Vínho-brânco.	*Vigno-bránco.*
Vin rouge.	Vínho-tíncto.	*Vigno-tìnto.*

Animaux quadrupèdes.	Animáes quadrúpedes.	Animàes qouatroùpedes.
Agneau.	Cordèiro, ãnho.	*Cordéiro, ágno.*
Âne.	Asno, bùrro, jumênto.	*Asno, boùrro.*
Ânesse.	Búrra.	*Boùrra.*
Ânon.	Burrínho.	*Bourrìgno.*
Belette.	Donínha.	*Donìgna.*
Bélier.	Carnêiro.	*Carnëiro.*
Biche.	Cérva.	*Cèrva.*
Bœuf.	Bôi.	*Böï.*
Bouc.	Bóde.	*Bòde.*
Brebis.	Ovêlha, óve.	*Ovélla, òve.*
Cavale, jument.	Égua.	*Egoua.*
Cerf.	Veádo.	*Veàdo.*
Chameau.	Camêlo.	*Camélo.*
Chat.	Gáto.	*Gàto.*
Cheval.	Cavállo.	*Cavàlo.*
Chèvre.	Câbra.	*Càbra.*
Chevreau.	Cabríto.	*Cabrìto.*
Chevreuil.	Cabríto-montêz.	*Cabrìto-montés.*
Chien.	Cão.	*Càon.*
Chienne.	Cadéla.	*Cadèla.*
Cochon.	Pôrco.	*Pòrco.*
Dragon.	Dragão.	*Dragâon.*
Dromadaire.	Dromedário.	*Dromedàrio.*
Éléphant.	Elephânte.	*Elephànte.*
Furet.	Furão.	*Fouràon.*
Genisse.	Bezérra, novílha.	*Bezérra, novìlla.*
Laie.	Fêmea dò javalí.	*Fémea dò javalì.*
Lapereau.	Láparo.	*Làparo.*
Lapin.	Coêlho.	*Coèllo.*
Léopard.	Leopárdo.	*Leopàrdo.*
Levreau.	Lebrácho.	*Lebràcho.*
Lièvre.	Lébre.	*Lèbre.*
Lion.	Leão.	*Leàon.*
Lionne.	Leòa.	*Leòa.*
Loir.	Arganáz.	*Arganàs.*
Loup.	Lòbo.	*Lôbo.*

Marcassin.	Javalizínho.	*Javalizìgno.*
Mouton.	Carnéiro.	*Carnéiro.*
Mule.	Múla.	*Moùla.*
Mulet.	Mácho, mú	*Màcho, moù.*
Ours.	Úrso.	*Oùrso.*
Panthère.	Panthéra.	*Pantèra.*
Porc-épic.	Pòrco-espínho.	*Pòrco-espìgno.*
Poulain.	Pòtro.	*Pótro.*
Renard.	Rapòsa.	*Rapósa.*
Rhinhocéros.	Rhinocerónte.	*Rinoceronte.*
Sanglier.	Javalí.	*Javali.*
Souris.	Ratínho.	*Ratìgno.*
Taupe.	Toupêira.	*Topéira.*
Tigre.	Tígre.	*Tìgre.*
Vache.	Vácca.	*Vàca.*
Oiseaux.	**Áves.**	**Avès.**
Aigle.	Aguia.	*Agouia.*
Alcyon.	Maçarico.	*Maçarìco.*
Alouette.	Cotovía.	*Cotovìa.*
Autruche.	Abestrúz.	*Abestroùs.*
Bécasse.	Gallinhóla.	*Galignóla.*
Bécassine.	Narcêja.	*Narcèja.*
Bec-figue.	Papafigo.	*Papafigo.*
Calandre.	Calhândra.	*Callandra.*
Caille.	Codorníz.	*Codonìs.*
Chardonneret.	Pintasilgo.	*Pintasìlgo.*
Chauve-souris.	Morcègo.	*Morcégo.*
Chouette.	Corúja.	*Coroùja.*
Cigogne.	Cegònha.	*Cegógna.*
Colombe.	Pómba.	*Pòmba.*
Coq.	Gállo.	*Gàlo.*
Coq-d'Inde.	Porúm-doméstico.	*Poroùm-domèstico.*
Corbeau.	Córvo.	*Córvo.*
Corneille.	Grálha.	*Gràlla.*
Coucou.	Cúco.	*Coùco.*
Cygne.	Cysne.	*Cisne.*
Dindon.	Perúm.	*Peroùm.*
Dindonneau.	Perumzínho.	*Peroumzìgno.*

Épervier.	Gavião.	*Gaviáon.*
Étourneau.	Estornínho.	*Estornìgno.*
Faisan.	Phaisão.	*Phaisáon.*
Faucon.	Falcão.	*Falcáon.*
Fauvette.	Tutinêgra.	*Toutinégra.*
Francolin.	Francolím.	*Francolìm.*
Grive.	Tôrdo.	*Tórdo.*
Grue.	Groú.	*Groû.*
Héron.	Gárça.	*Gàrça.*
Hirondelle.	Andorínha.	*Andorìgna.*
Hoche-queue	Alvéloa.	*Alvêloa.*
Huppe.	Pôupa.	*Pópa.*
Linotte.	Pintarrôxa.	*Pintarrócha.*
Merle.	Mélro.	*Mèlro.*
Milan.	Milhâno.	*Milláno.*
Moineau.	Pardál.	*Pardàl.*
Oie.	Gânso.	*Gánso.*
Oison.	Ádem.	*Adim.*
Ortolan.	Cenchrâmo.	*Cencrámo.*
Paon.	Pavão.	*Paváon.*
Perdrix.	Perdíz.	*Perdìs.*
Perroquet.	Papagáio.	*Papagàïo.*
Pie.	Péga.	*Péga.*
Pigeon.	Pômbo.	*Pômbo.*
Pigeonneau.	Pombínho.	*Pombìgno.*
Pinçon.	Tentilhão.	*Tentilláon.*
Pivert.	Picânço-vêrde.	*Picánço-vérde.*
Plongeon.	Mergulhão.	*Mergullaon.*
Poularde.	Frânga.	*Franga.*
Poule.	Gallínha.	*Galìgna.*
Poule-d'eau.	Gaivóta.	*Gaivòta.*
Poulet.	Frângo.	*Frángo.*
Rossignol.	Rouxinól.	*Rochinòl.*
Rouge-gorge.	Picânço.	*Picánço.*
Serin.	Canário.	*Canàrio.*
Tourterelle.	Rôla.	*Rólá.*

Animaux amphibies.	Animáes amphíbios.	Animàes amphìbios.
Castor.	Castôr.	*Castór.*
Crapaud.	Sápo.	*Sàpo.*
Crocodile.	Crocodílo.	*Crocodìlo.*
Loutre.	Lôntra.	*Lóntra.*
Tortue.	Tartarúga.	*Tartaroùga.*

Insectes et reptiles.	Inséctos e reptís.	Insèctos e reptìs.
Abeille.	Abêlha.	*Abélla.*
Araignée.	Arânha.	*Aràgna.*
Aspic.	Aspíde.	*Aspìde.*
Basilic.	Basilísco.	*Basilìsco.*
Caméléon.	Camaleão.	*Camaleàon.*
Chenille.	Lagárta.	*Lagàrta.*
Cigale.	Cigárra.	*Cigàrra.*
Cousin.	Mosquíto.	*Mosqouìto.*
Couleuvre.	Cóbra.	*Còbra.*
Fourmie.	Formíga.	*Formìga.*
Guêpe.	Bêspa.	*Béspa.*
Hanneton.	Besôuro.	*Besôïro.*
Lente.	Lêndea.	*Lindea.*
Lézard.	Lagárto.	*Lagàrto.*
Limaçon.	Caracól.	*Caracòl.*
Mitte.	Tráça.	*Tràça.*
Morpion.	Piôlho-ládro.	*Piôllo-làdro.*
Mouche.	Môsca.	*Mósca.*
Papillon.	Borbolêta.	*Borboléta.*
Pou.	Piólho.	*Piòllo.*
Puce.	Púlga.	*Poùlga.*
Punaise.	Persovéjo.	*Persovéjo.*
Serpent.	Serpênte, sérpe.	*Serpinte, sèrpe.*
Ver.	Lombrígas.	*Lonbrìgas.*
Ver-à-soie.	Bícho-dá-sêda.	*Bìcho-dá-séda.*

Poissons et coquillages.	Peixes e mariscos.	Peiches é mariscos.
Able.	Múge.	*Moùge.*
Alose.	Sável.	*Sàvel.*
Anchois.	Anchôva.	*Anchòva.*
Anguille.	Enguía.	*Ingouìa.*
Baleine.	Balêia.	*Baléia.*
Barbot.	Bárbo.	*Bàrbo.*
Bougue.	Ôlho-dê-bôi.	*Ollo-dé-bóe.*
Brochet.	Lúcio.	*Loùcio.*
Cachalot.	Pêixe-espáda.	*Péiche-espàda.*
Calemar.	Lúla.	*Loùla.*
Congre.	Côngro.	*Cóngro.*
Dauphin.	Delphím, golfínho.	*Delphìm, golfìgno.*
Dorade.	Douráda.	*Doïràda.*
Écrevisse.	Caranguêjo.	*Carangouéjo.*
Épaulard.	Pêixe-caldêira.	*Péiche-caldéira.*
Goujon.	Cadóz.	*Cadós.*
Hareng.	Arênque.	*Arinqoùe.*
Hérisson.	Ouríço-dô-már.	*Oriço-dó-màr.*
Huitre.	Ôstra.	*Ostra.*
Lamproie.	Lamprêia.	*Lampréia.*
Langouste.	Lagósta.	*Lagòsta.*
Limaçon-de-mer.	Caramújo.	*Caramoùjo.*
Loup.	Sôlho.	*Sóllo.*
Maquereau.	Sárda.	*Sàrda.*
Marsouin.	Pôrco-dô-már.	*Pòrco-dó-màr.*
Merlan.	Pescáda.	*Pescàda.*
Merluche.	Bacalháu.	*Bacallào.*
Morue.	Badêjo.	*Badéjo.*
Moule.	Mexilhão.	*Mechillàon.*
Mulet.	Pêixe-cábra.	*Péiche-càbra.*
Raie.	Ráia.	*Ràia.*
Requin.	Tubarão.	*Toubaràon.*
Rouget.	Salmonête.	*Salmonéte.*
Sardine.	Sardínha.	*Sardìgna.*
Saumon.	Salmão.	*Salmàon.*
Sole.	Linguádo.	*Lingouàdo.*

Tanche.	Tênca.	*Tìnca.*
Du thon.	Atúm.	*Atoùm.*
Torpille.	Tremélga.	*Tremèlga.*
Truite.	Trúta.	*Troùta.*
Turbot.	Rodoválho.	*Rodovàllo.*
Veau-marin.	Phóca.	*Phòca.*
Arbres.	**Árvores.**	**Arvòres.**
Abricotier.	Damasquêiro.	*Damasqouéiro.*
Alisier.	Lódão.	*Lodàon.*
Amandier.	Amendoêira.	*Amindoéira.*
Aune.	Álamo.	*A'lamo.*
Cèdre.	Cédro.	*Cèdro.*
Cerisier.	Cereijeira.	*Cereijéira.*
Châtaignier.	Castanhêiro.	*Castagnéira.*
Chêne.	Azinhêira, carválho.	*Azignéira, carvàllo.*
Citronnier.	Limoêiro.	*Limoéiro.*
Cognassier.	Marmelêiro.	*Marmeléiro.*
Cormier.	Sorvêira.	*Sorvéira.*
Coudrier.	Avelêira.	*Avelèira.*
Cyprès.	Cypréste.	*Cyprèste.*
Figuier.	Figuêira.	*Figouéira.*
Frêne.	Frêixo.	*Fréicho.*
Grenadier.	Romêira.	*Roméira.*
Hêtre.	Fáia.	*Fàia.*
Jujubier.	Anáfega.	*Anàfega.*
Laurier.	Lourêiro.	*Loréiro.*
Maronnier.	Castanhêiro.	*Castagnéiro.*
Mûrier.	Amorêira.	*Amoréira.*
Noisetier.	Avelêira.	*Aveléira.*
Noyer.	Noguêira.	*Nogouêira.*
Olivier.	Olivêira.	*Olivéira.*
Oranger.	Laranjêira.	*Laranjéira.*
Ormeau.	Olmozínho.	*Olmozìgno.*
Palmier.	Palmêira.	*Palméira.*
Pêcher.	Peceguêiro.	*Pecegouéiro.*
Poirier.	Perêira.	*Perêira.*
Pommier.	Macêira.	*Macéira.*
Prunier.	Ameixiêira.	*Ameichièira.*

Sapin.	Pinhêiro.	*Pignéiro.*
Saule.	Salguêiro.	*Salgouéiro.*
Tilleul.	Tíl.	*Til.*
Arbrisseaux.	**Arbustos.**	**Arboùstos.**
Cafier.	Cafeêiro.	*Cafeéiro.*
Caprier.	Alcaparrêira.	*Alcaparréira.*
Buis.	Búxo.	*Boùcho.*
Chèvre-feuille.	Madre-sílva.	*Màdre-silva.*
Genêt.	Giésta.	*Gièsta.*
Lierre.	Éra.	*Èra.*
Myrte.	Múrta.	*Moùrta.*
Réglisse.	Alcaçúz.	*Alcaçoùs.*
Romarin.	Alecrím.	*Alecrìm.*
Sauge.	Sálva.	*Sàlva.*
Sureau.	Sabuguêiro.	*Sabougouéiro.*
Thym.	Tomílho.	*Tomillo.*
Herbes potagères.	**Hortalíças**	**Hortalìças.**
Des artichaux.	Alcachófras.	*Alcachòfras.*
Des asperges.	Espárgos.	*Espàrgos.*
Des aulx.	Álhos.	*A'lhos.*
De la betterave.	Beterrába.	*Beterràba.*
Du céléri.	Áipo.	*Aïpo.*
Des champignons.	Cogumélos.	*Cogoumèlos.*
De la chicorée.	Chicórea.	*Chicòrea.*
Des choux-fleurs.	Côuves-flôres.	*Côves-flóres.*
Des choux.	Côuves.	*Côves.*
De la coriandre.	Coêntro.	*Cointro.*
Des laitues.	Alfáces.	*Alfàces.*
Des panais.	Cenôuras.	*Cenôïras.*
Fruits.	**Frúctas.**	**Froùtas.**
Abricot.	Damásco.	*Damàsco.*
Amande.	Amêndoa.	*Améndoa.*
Bigarreaux.	Cerêijas-dê-sácco.	*Ceréijas-dé-sàco.*
Cerises.	Cerêija.	*Ceréija.*

Châtaignes.	Castânhas.	*Castagnas.*
Citron.	Limão.	*Limaon.*
Coing.	Marmélo.	*Marmèlo.*
Cormes..	Sôrvas.	*Sórvas.*
Dattes.	Tâmaras.	*Tàmaras.*
Figues.	Fígos.	*Fìgos.*
Glands	Bolótas.	*Bolòtas.*
Grenade.	Romã.	*Romàn.*
Mûre.	Amóra.	*Amòra.*
Nèfle.	Néspera.	*Nèspera.*
Noisette.	Avelã.	*Avelàn.*
Noix.	Nóz.	*Nòs.*
Olive.	Azeitôna.	*Azeitóna.*
Orange.	Larânja.	*Laránja.*
Pêches.	Pêcegos.	*Pécegos.*
Poires.	Pêras.	*Péras.*
Pommes.	Maçãs.	*Maçàns.*
Pruneaux.	Amêixas-passádas.	*Améichas-passàdas.*
Prunes.	Amêixas.	*Améichas.*
Raisins.	Úvas.	*Oùvas.*

Fleurs.	**Flôres.**	**Flóres.**
Anémone.	Anémona.	*Anémona.*
Bleuet.	Flôr-azúl.	*Flór-azoùl.*
Giroflée.	Gôivo.	*Góivo.*
Hyacinthe.	Jacínto.	*Jacìnto.*
Immortelle.	Perpétua.	*Perpètoua.*
Impériale.	Imperiál.	*Imperiàl.*
Iris.	Íris.	*I'ris.*
Jasmin.	Jasmím.	*Jasmìm.*
Jonquille.	Junquílho.	*Jounqoùillo.*
Lis.	Acucêna, lírio.	*Acoucéna, lìrio.*
Mille-feuille..	Mil-fôlhas.	*Mìl-follas.*
Muguet.	Lírio-amaréllo.	*Lìrio-amarèlo.*
OEillet.	Crávo.	*Cràvo.*
Pavot.	Papôula.	*Papóïla.*
Pensée.	Amôr-perfêito.	*Amór-perféito.*
Renoncule.	Rainúnculo.	*Raïnoùncoulo.*
Rose.	Róza.	*Ròza.*

Tournesol.	Gyrasól.	*Girasòl.*
Tulipe.	Tulípa.	*Toulìpa.*
Violette.	Vióla.	*Viòla.*

Couleurs.	**Côres.**	**Córes.**
Blanc.	Brânco.	*Bránco.*
Bleu.	Azúl.	*Azoùl.*
Cramoisi.	Carmezím.	*Carmezìm.*
Écarlate.	Escarláte.	*Escarlàte.*
Gris.	Párdo.	*Pàrdo.*
Gris-de-lin.	Gredelím.	*Gredelìm.*
Jaune.	Amaréllo.	*Amarèlo.*
Musc.	Almiscarádo.	*Almiscaràdo.*
Noir.	Prêto.	*Préto.*
Rouge.	Vermêlho.	*Vermêllo.*
Vert.	Vérde.	*Vérde.*

Métaux et minéraux.	**Metáes e mineráes.**	**Metàes é mineràes.**
Acier.	Aço.	*A'ço.*
Airain.	Arâme, brônze.	*Aráme, brónze.*
Amidon.	Gômma.	*Góma.*
Antimoine.	Antimónio.	*Antimònio.*
Argent.	Práta.	*Pràta.*
Arsenic.	Arsénico.	*Arsènico.*
Cristal.	Crystal.	*Cristàl.*
Cuivre.	Cóbre.	*Cóbre.*
Étain.	Estânho.	*Estágno.*
Fer.	Férro.	*Fèrro.*
Jayet.	Azevíche.	*Azevìche.*
Laiton.	Latão.	*Latáon.*
Nacre-de-perle.	Mádre-pérola.	*Màdre-pèrola.*
Nitre.	Nítro.	*Nìtro.*
Ocre.	Ócre.	*O'cre.*
Or.	Òuro.	*Oìro.*
Plâtre.	Gêsso.	*Gésso.*
Plomb.	Chúmbo.	*Choùmbo.*
Salpêtre.	Salítre.	*Salìtre.*
Sel.	Sál.	*Sàl.*

Sal-amoniac.	Sál-ammoniaco.	*Sàl-amoniaco.*
Soufre.	Enxôfre.	*Inchófre.*
Talque.	Tálco.	*Tàlco.*
Vermillon.	Vermelhão.	*Vermellàon.*
Vitriol.	Vitriolo.	*Vitriól.*
Pierres communes.	**Pédras communs.**	**Pèdras commùns.**
Aimant.	Pédra-dê-cevár.	*Pèdra-dé-cevàr.*
Albâtre.	Alabástro.	*Alabàstro.*
Alun.	Pédra-húme.	*Pèdra-hoùme.*
Ardoise.	Ardósia.	*Ardòsia.*
Bitume.	Betúme.	*Betoùme.*
Brique.	Ladrilho.	*Ladrìllo.*
Caillou.	Calháu.	*Callào.*
Céruse.	Alvaiáde.	*Alvaiàde.*
Craie.	Gíz, grêda.	*Gis, gréda.*
Jaspe.	Jáspe.	*Jàspe.*
Marbre.	Mármore.	*Màrmore.*
Pierre-à-fusil.	Pedernêira.	*Pedernéira.*
Pierre-de-touche.	Pédra-dê-tóque.	*Pèdra-dé-tòqoue.*
Pierres précieuses.	**Pédras preciósas.**	**Pèdras preciòsas.**
Agathe.	Ágatha.	*Agàta.*
Amethyste.	Ametísta.	*Ametìsta.*
Béryl.	Berylo.	*Berilo.*
Bézoard.	Bezoártico.	*Bezoàrtico.*
Camaïeu.	Camaphêu.	*Camaphéu.*
Chrysolite.	Chrysólita.	*Chrysòlita.*
Cornaline.	Cornalína.	*Cornalina.*
Diamant.	Diamânte.	*Diamànte.*
Émeraude.	Esmerálda.	*Esmeràlda.*
Escarboucle.	Carbúnclo.	*Carboùnclo.*
Hyacinthe.	Hyacyntho.	*Hiacïnto.*
Onix.	Onix.	*Onis.*
Perle.	Pérola.	*Pèrola.*
Rubis.	Rubí.	*Roubì.*
Saphir.	Saphíra.	*Saphìra.*

Sardoine.	Sardónica.	*Sardònica.*
Topaze.	Topázio.	*Topàzio.*
Turquoise.	Turquêza.	*Tourqouéza.*

Chasse.	**Cáça.**	**Càça.**
Chien-de-chasse.	Cão-dê-cáça.	*Càon-dé-càça.*
Chien-de-relai.	Cão-dê-múda.	*Càon-dé-moùda.*
Chien-lévrier.	Gálgo.	*Gàlgo.*
Curée.	Céva.	*Cèva.*
Filet.	Rède.	*Réde.*
Fusil.	Espingárda.	*Espingàrda.*
Gibecière.	Bôlsa.	*Bólsa.*
Piqueur.	Picadôr.	*Picadór.*
Plomb.	Chúmbo.	*Choùmbo.*
Poudre.	Pólvora.	*Pòlvora.*
Pulvérin.	Polvorínho.	*Polvorìgno.*
Veneur.	Caçador, montêiro.	*Caçadór, montéiro.*

Pèche.	**Pésca.**	**Pèsca.**
Barque.	Bárco.	*Bàrco.*
Des cordes.	Córdas.	*Còrdas.*
Drague.	Rède dê pescár ôstras, etc.	*Réde dé pescàr óstras.*
De la ficelle.	Barbânte, guita.	*Barbànte, gouìta.*
Hameçon.	Anzôl.	*Anzól.*
Ligne.	Línha.	*Lìgna.*
Pêcheur.	Pescadôr.	*Pescadór.*
Rets.	Rède.	*Réde.*

Poids.	**Pêsos.**	**Pésos.**
Une arrobe.	Úma arrôba.	*Oùma arróba.*
Contre-poids.	Côntra-pêso.	*Cóntra-péso.*
Demi-once.	Mèia-ônça.	*Méia-ónça.*
Un grain.	Úm grão.	*Oùm graon.*
Un gros.	Úm escrópulo.	*Oùm escròpoulo.*
Une livre.	Úm arrátel.	*Oùm arràtel.*
Une livre et demie.	Arrátel ê mêio.	*Arràtel-é-méio.*
Un marc.	Úm márco.	*Oùm màrco.*

Une obole.	Úm óbolo.	*Oùm òbolo.*
Une once.	Úma ônça.	*Oùma ónça.*
Un quart d'once.	Úm quárto d'ônça.	*Oúm qouàrto d'ónça.*
Un quintal.	Úm quintál.	*Oùm qouintàl.*

Mesures.	Medídas.	Medìdas.
Un arpent.	Úma gêira.	*Oùma gèira.*
Une aune.	Úma vára ôu âna.	*Oùma vàra ó àna.*
Une brasse.	Úma bráça.	*Oùma bràça.*
Un mille.	Úm mílhe.	*Oùm mille.*
Un pas.	Úm pásso.	*Oùm pàsso.*
Une perche.	Úma percha (18 pés).	*Oùma pèrcha (18 pês).*
Un pied.	Úm pé.	*Oùm pè.*
Un pouce.	Úma pollegáda.	*Oùma polegàda.*
Une verge.	Úma vára.	*Oùma vàra.*

Jeux.	Jógos.	Jògos.
Ballon.	Péla-grânde.	*Pèla-gránde.*
La barre.	Jògo-dâ-bárra.	*Jogo-da-bàrra.*
Billard.	Bilhár.	*Billàr.*
Brelan.	Berlão.	*Berlàon.*
Carrousel.	Cavalháda.	*Cavallàda.*
Cartes.	Cártas.	*Càrtas.*
Colin-maillard.	Cábra-céga.	*Càbra-cèga*
Croix ou pile.	Chápas.	*Chàpas.*
Dames.	Dâmas.	*Dàmas.*
Dés.	Dádos.	*Dàdos.*
Échecs.	Xadrêz.	*Chadrés.*
Mail.	Chóca.	*Chòca.*
Pair ou non pair.	Páres oû nônes.	*Pàres ó nónes.*
Palet.	Cúnhos.	*Coùgnos.*
Paume.	Péla.	*Pèla.*
Le piquet.	Ôs cêntos.	*Os cìntos.*
Quille.	Jôgo-dâ-bóla.	*Jógo-da-bòla.*
Toupie.	Pião.	*Piàon.*
Tric-trac.	Gamão.	*Gamaón.*
Volant.	Volânte.	*Volánte.*

Matières combustibles.	**Matérias combustíveis.**	**Matèrias combousHveis**
Amadou.	Ísca.	*I'sca.*
Amorce.	Escórva.	*Escòrva.*
Bitume.	Betúme.	*Betoùme.*
Bois.	Lênha.	*Légna.*
Charbon.	Carvão.	*Carvàon.*
Cire.	Cêra.	*Céra.*
Graisse.	Gráixa.	*Gràicha.*
Huile.	Azêite.	*Azéite.*
Poix.	Pêz.	*Pés.*
Résine.	Resina.	*Resìna.*
Suif.	Sêbo.	*Sébo.*
Parfums.	**Perfúmes.**	**Perfoùmes.**
De l'ambre gris.	Âmbar grís.	*A'mbar gris.*
Du baume.	Bálsamo.	*Bàlsamo.*
Du benjoin.	Beijoím.	*Beijoìm.*
De l'encens.	Incênso.	*Incìnso.*
Des essences.	Essências.	*Essìncias.*
Des pastilles.	Pastilhas.	*Pastìllas.*
Des pâtes de senteur.	Pastilhas-dê-chêiro.	*Pastìllas-dé-chéiro.*
De la pommade.	Pomádas.	*Pomàdas.*
Du storax.	Estoráque.	*Estoràqoue.*
Du temple.	**Dô têmplo.**	**Dó témplo.**
Les ailes de la nef.	Ós ládos dâ náve.	*Os làdos dà nàve.*
Le baptistaire.	Ô baptistério.	*O batistèrio.*
Le bénitier.	Â pía d'água-bênta.	*A pìa d'agoùa-bìnta.*
Le caveau.	Â cóva, o carnêiro.	*A còva, ó carnéiro.*
La chaire.	Ô púlpito.	*O poùlpito.*
La chapelle.	Â capélla.	*A capèla.*
Le chœur.	Ô côro.	*O córo.*
Le cimetière.	Ô cimetério.	*O cimetèrio.*
Le clocher.	Â tôrre-dôs-sínos.	*O tórre-dós-sìnos.*
Le confessionnal.	Ô confessionário.	*O confessionàrio.*

Le dôme.	Ô zimbório.	*O zimbòrio.*
L'eau bénite.	Â água-bênta.	*A agoùa-binta.*
La façade.	Ô frontispicio.	*O frontispicio.*
L'image.	Â imágem.	*A imàgim.*
Le jubé.	Â estânte.	*A estànte.*
Le mausolée.	Ô mausoléo.	*O maosolèo.*
La nef.	Â náve.	*A nàve.*
Le pavé.	Ô lagêdo.	*O legédo.*
Le pilié.	Ôs pilâres.	*Os pilàres.*
La piscine.	Â piscina.	*A piscìna.*
Le pupitre.	Â estânte-dò-missál.	*A estante-dó-missàl.*
La sacristie.	Â sacristía.	*A sacristìa.*
Le sanctuaire.	Ô sanctuário.	*O santouàrio.*
Le sépulcre.	Ô sepúlcro.	*O sepoùlcro.*
La sépulture.	Â sepultúra.	*A sepoultoùra.*
La statue.	Â estátua.	*A estàtoua.*
Les tableaux.	Ôs painéis.	*Os painèis.*
La tribune.	Â tribúna.	*A triboùna.*
La voûte.	Â abóbada.	*A abòbada.*

De l'autel.	**Do altar.**	**Dó altàr.**
Les chandeliers.	Ôs castiçáes.	*Os castiçàis.*
La châsse.	Â cáixa-dê-relíquias.	*A càichã-dé-relìqouias.*
Les cierges.	Âs vélas.	*As vèlas.*
Le coussin.	Â almofáda.	*A almofàda.*
La crédence.	Â credência.	*A credincia.*
La croix.	Â crúz.	*A croùs.*
Le crucifix.	Ô crucifixo.	*O croucifìcho.*
Le dais.	Ô sôbre-céo dô tabernáculo.	*O sóbre-cèo dò tabernàcoulo.*
Les degrés.	Ôs degráus.	*Os degràos.*
Le devant-d'autel.	Ô frontál.	*O frontàl.*
L'encens.	Ô incênso.	*O incìnso.*
L'encensoir.	Ô thuríbulo.	*O touriboulo.*
Le gradin.	Ô degrausínho.	*O degraósigno.*
Le marche-pied.	Ô suppedâneo.	*O soupedàneo.*
La nappe.	Â toálha.	*O toàlla.*
La navette.	Â navêta.	*A navéta.*
La pierre.	Â pédra.	*A pèdra.*

Le reliquaire.	Ô relicário.	*O relicàrio.*
Les reliques.	Âs relíquias.	*As relìqouias.*
Le saint-ciboire.	Ô váso-dâ-communhão.	*Vàso-dà-comougnàon.*
Le soleil.	Â custódia.	*A coustòdia.*
Le tabernacle.	Ô sácrário.	*O sacràrio.*
Ornements sacerdotaux.	**Ornátos sacerdotáes.**	**Ornàtos sacerdotàes.**
L'amict.	Ô amícto.	*O amìto.*
L'aube.	Â álva.	*A àlva.*
Le bonnet.	Ô barrête-dê-clérigo.	*O barréte-dé-clèrigo.*
Le camail.	Â múrça.	*A moùrça.*
La ceinture.	Ô cíngulo.	*O cìngoulo.*
La chape.	Â cápa d'aspérges.	*A càpa d'aspèrges.*
La chasuble.	Â casúla.	*A casoùla.*
La crosse.	Ô báculo-pontificál.	*O bàcoulo-pontificàl.*
La dalmatique.	Â dalmática.	*A dalmàtica.*
L'étole.	Â estóla.	*A estòla.*
Le manipule.	Ô manípulo.	*O manìpoulo.*
La mitre.	Â mitra.	*A mìtra.*
Le porte-collet.	Ô collar-dâ-lôba.	*O cólar-dà-lóba.*
Le rabat.	Â vólta.	*A vòlta.*
Le rochet.	Ô roquête.	*O roqouéte.*
La soutane.	Â sotâna.	*A sotàna.*
La soutanelle.	Â sotanazínha.	*A sotanazìgna.*
Le surplis.	Â sobrepellíz.	*A sobrepelìs.*
La tiare.	Â tiára.	*A tiàra.*
La tunique.	Â túnica.	*A toùnica.*
Dignités ecclésiastiques.	**Dignidádes ecclesiásticas.**	**Dighinidàdes ecclesiàsticas.**
Abbé.	Abbáde.	*Abàde.*
Abbesse.	Abbadêssa.	*Abadéssa.*
Acolyte.	Acólyto.	*Acòlito.*
Archevêque.	Arcebíspo.	*Arcebìspo.*
Archidiacre.	Arcediágo.	*Arcediàgo.*
Archiprêtre.	Arcipréste.	*Arciprèste.*
Bénéficier.	Beneficiádo.	*Beneficiàdo.*

Cardinal.	Cardeál.	*Cardeàl.*
Chanoine.	Cónego.	*Cònego.*
Chanoinesse.	Cónega.	*Cònega.*
Chantre.	Chântre.	*Chàntre.*
Chapelain.	Capellão.	*Capelàon.*
Clerc.	Clérigo.	*Clèrigo.*
Curé.	Cúra.	*Coùra.*
Diacre.	Diácono.	*Diàcono.*
Doyen.	Deão.	*Deàon.*
Enfant-de-chœur.	Menino-dô-côro.	*Menìno-dó-córo.*
Évêque.	Bíspo.	*Bìspo.*
Général d'ordre.	Gerál d'úma órdem.	*Geràl d'oùma òrdem.*
Maître-de-cérémonies.	Méstre-dê-ceremónias.	*Mèstre-dé-ceremònia.*
Marguillier.	Guárda-dâ-igreja.	*Gouàrda-dà-igréja.*
Le pape.	Ô pápa.	*O pàpa.*
Patriarche.	Patriárca.	*Patriàrca.*
Pénitencier.	Penitenciário.	*Penitinciàrio.*
Prédicateur.	Prégadôr.	*Prègadór.*
Prêtre.	Sacerdóte, clérigo.	*Sacerdòte, clèrigo.*
Promoteur.	Promotôr.	*Promotór.*
Sacristain.	Sacristão.	*Sacristàon.*
Sous-diacre.	Subdiácono.	*Soubdiàcono.*
Théologal.	Theologál.	*Teologàl.*
Trésorier.	Thesourêiro.	*Tesouréiro.*
Vicaire.	Vigário.	*Vigàrio.*
Vicaire général.	Vigário-gerál.	*Vigàrio-geràl.*

Fêtes solennelles.	**Féstas solémnes.**	**Fèstas solènes.**
L'Annonciation.	Â Annunciação.	*A Anounciaçàon.*
L'Ascension.	Â Ascensão.	*A Ascinsàon.*
L'Assomption.	Â Assumpção.	*A Assoumçàon.*
La Circoncision.	Â Circumcisão.	*A Circoumcisàon.*
La Conception.	Â Conceição.	*A conceiçàon.*
Le Dimanche des Rameaux.	Domíngo-dê-Râmos.	*Domìngo-dé-Ràmos.*
La Fête-Dieu.	Ô Día dê Côrpus.	*O Dìa dé Còrpous.*
Le Jour des Cendres.	Quárta-fêira dê Cínza.	*Qouàrta-féira dé Cìnza*
Le Jour des Morts.	Día dê Defúnctos.	*Dìa dé Defoùntos.*
Le Jour de Noël.	Día dê Natál.	*Dìa dé Natàl.*
Le Jour de Pâques.	Día dê Páscoa.	*Dìa dé Pàscoa.*

Le Jour de la Pentecôte.	Día dê Pentecostes.	*Dìa dé Pintecòstes.*
Le Jour des Rois.	Día dê Réis.	*Dìa dé Réis.*
Le Jour de la Toussaint.	Día dê Tódos ôs Sântos.	*Dìa dé Tódos ós Sàntos.*
La Nativité de Notre-Dame.	Ô Nascimênto dê Nóssa-Senhôra.	*O Nascimìnto dé Nòssa Segnòra.*
La Purification.	Â Purificação.	*A Pourificaçàon.*
Quatre-Temps.	Quátro-Têmporas.	*Qouàtro-Tìmporas.*
La Semaine-Sainte.	Â Semâna-Sâncta.	*A Semàna-Sànta.*
Le Vendredi-Saint.	Sêxta-Fêira-Sâncta.	*Sésta-Féira-Sànta.*
Vigile.	Vigília.	*Vigìlia.*
La Visitation.	Â Visitação.	*A Visitaçàon.*
Ordres de chevalerie.	**Órdens dê cavallaria.**	**Ordéns dé cavalarìa.**
Aigle-Noire.	Águia-prêta.	*Agoùia-prétà.*
Avis.	Avís.	*Avìs.*
Calatrava.	Calatráva.	*Calatràva.*
Christ.	Chrísto.	*Crìsto.*
Éléphant.	Elephânte.	*Elephànte.*
Jarretière.	Jarretêira.	*Jarretéira.*
Légion d'Honneur.	Legião d'Hônra.	*Legiàon d'Hónra.*
Malte.	Málta.	*Màlta.*
Saint-André.	Sânct'-André.	*Sànt'-Andrè.*
Sainte-Catherine.	Sâncta-Catharína.	*Sànta-Catarìna.*
Saint-Esprit.	Espírito-Sâncto.	*Espìrito-Sàntò.*
Saint-George.	Sân'-Jórge.	*Sàn'-Jórge.*
Saint-Jacques.	Sân'-Tiágo.	*Sàn'-Tiàgo.*
Saint-Louis.	Sân'-Luís.	*Sàn' Loùìs.*
Saint-Maurice.	Sân'-Maurício.	*San'-Maurìcio.*
Saint-Michel.	Sân'-Miguél.	*Sàn'-Migouèl.*
Toison-d'Or.	Tusão-d'Ôuro.	*Tousàon-d'Oïro.*
Vrai-Mérite.	Verdadêiro-Mérito.	*Verdadéiro-Mèrito.*
Grades.	**Póstos.**	**Pòstos.**
Un aide-de-camp.	Úm ajudânte-dê-câmpo.	*Adjoudànte-dé-càmpo.*
Un amiral.	Úm almirânte.	*Oùm almiránte.*
Un aumônier.	Úm capellão.	*Oùm capelàon.*
Un bombardier.	Úm bombardêiro.	*Oùm bombardéiro.*

Un brigadier.	Úm brigardêiro.	*Oùm brigadéiro.*
Un canonnier.	Úm artilhéiro.	*Oùm artilléiro.*
Un capitaine de cavalerie.	Úm capitão-dê-cavállos.	*Capitáon-dé-cavàlos.*
Un capitaine de gardes.	Úm capitão-dê-guárdas.	*Capitàon-dé-gouàrdas.*
Un capitaine d'infanterie.	Úm capitão-d'infantería.	*Capitàon-d'infanterìa.*
Un capitaine de marine.	Úm capitão-dê-marínha.	*Capitàon-dé-marìgna.*
Un capitaine de milice.	Úm capitão-dê-milícia.	*Capitàon-dé-milìcia.*
Un capitaine de vaisseau.	Úm capitão-dê-navíos.	*Capitaon-dé-navìos.*
Un caporal.	Úm cábo-d'esquádra.	*Oùm càbo d'esqouàdra.*
Un colonel.	Úm coronél.	*Oùm coronèl.*
Un commissaire.	Úm commissário.	*Oum comissàrio.*
Un contre-amiral.	Úm côntra-almirânte.	*Oùm cóntra-almiránte.*
Un cornette.	Úm pórta-estandárte.	*Oùm pòrta-estandàrte.*
Un fifre.	Úm pífano.	*Oùm pìfano.*
Un fourrier.	Úm furriél.	*Oùm fourrièl.*
Un garde-du-corps.	Úm guárda-dê-côrpo.	*Oùm gouàrda-dé-córpo*
Un garde-du-roi.	Úm guárda-d'el-rêi.	*Oùm gouàrda-dèl-réi.*
Un général d'armée.	Úm generál-d'exército.	*Generàl-d'ezèrcito.*
Un général-des-galères.	Úm generál-dâs-galéras.	*Generàl-das-galèras.*
Un grand-amiral.	Úm grân'-almirânte.	*Oùm grán-almiránte.*
Un héraut.	Úm rêi-d'ármas.	*Oùm réi-d'àrmas.*
Un lieutenant-de-roi.	Úm tenênte-dê-rêi.	*Oùm tenénte-dé-réi.*
Un maître-de-camp.	Úm méstre-dê-câmpo.	*Oùm mèstre-dé-càmpo.*
Un maréchal-de-camp.	Úm marechál-dê-câmpo.	*Marechàl-dé càmpo.*
Un maréchal-des-logis.	Úm quartél-méstre de cavallaría.	*Oùm qouartèl-mèstre dé cavalarìa.*
Un officier.	Úm officiál.	*Oûm oficiàl.*
Un pionnier.	Úm gastadôr.	*Oùm gastadór.*
Un porte-enseigne.	Úm pórta bandêira.	*Oùm pòrta-bandéira.*
Un quartier-maître.	Úm quartél-méstre.	*Oùm couartèl-mèstre.*
Un sergent.	Úm sargênto.	*Oùm sargìnto.*
Un soldat.	Úm soldádo.	*Oùm soldàdo.*
Un tambour.	Úm tambôr.	*Oùm tambór.*
Un vice-amiral.	Úm vice-almirânte.	*Oùm vìce-almiránte.*

Objets militaires.	**Objéctos militáres.**	**Objètos militàres.**
Un affût.	Úma carréta-dê-péça.	*Oùma carréta-dé-pèça.*
L'amorce.	À escórva.	*A escóva.*
Une arquebuse.	Úm arcabúz.	*Oùm arcaboùs.*

Un bagage.	Úma bagágem.	*Oùma bagàgim.*
Une baïonnette.	Úma bayonnétta.	*Oùma baionéta.*
Une balle.	Úma bála.	*Oùma bàla.*
Une bandoulière.	Uma bandoléira.	*Oùma bandoléira.*
Le bassinet.	Â cassoléta.	*A cassoléta.*
Une batterie.	Úma batería.	*Oùma bateria.*
Un baudrier.	Úm boldrié.	*Oùm boldriê.*
Une bombarde.	Úma bombárda.	*Oùma bonbàrda.*
Un bouclier.	Úm broquél.	*Oùm broqouêl.*
Un boulet.	Úma bála-d'artilhería *ou* bomba.	*Oùma bàla-d'artilleria ô bômba.*
La caisse militaire.	Â cáixa militár.	*A càïcha militàr.*
Un canon.	Úm canhão.	*Oùm cagnáon.*
Une carabine.	Úma clavína.	*Oùma clavìna.*
Un casque.	Úm capacête.	*Oùm capacéte.*
Une cocarde.	Úm láço-dê-chapéo.	*Oùm làço-dé-chapèo.*
Une couleuvrine.	Úma colubrína.	*Oùma coloubrìna.*
Une cuirasse.	Úma couráça.	*Oùma coïràça.*
Un drapeau.	Úma bandêira.	*Oùma bandèira.*
Une épée.	Úma espáda.	*Oùma espàda.*
Le fourrage.	Â forrájem.	*A forràjim.*
Un fusil.	Úma espingárda.	*Oùma espingàrda.*
Une grenade.	Úma granáda.	*Oùma granàda.*
Une hache.	Úm machádo.	*Oùm machàdo.*
Une hallebarde.	Úma alabárda.	*Oùma alabàrda.*
Un havresac.	Úma mochíla.	*Oùma mochìla.*
Un javelot.	Úm dárdo-cúrto *ou* virótc.	*Oùm dàrdo-coùrto.*
Un pistolet.	Úma pistóla.	*Oùma pistòla.*
Un sabre.	Úm sábre, úm terçádo.	*Oùm sàbre.*
Un tambour.	Úm tambôr.	*Oùm tambór.*
Une tente.	Úma barráca *ou* têuda.	*Oùma barràca.*
Une timbale.	Úm timbále.	*Oùm tïmbàle.*
Une trompette.	Úma trombêta *ou* túba.	*Oùma trombéta.*
Termes de fortification.	**Tèrmos dê fortificação.**	**Térmos dé fortificaçáon.**
Les approches.	Òs apróches.	*Os apròches.*
Un bastion.	Úm bastião.	*Oùm bastiáon.*
Une brèche.	Úma brécha.	*Oùma brècha.*

Une casemate.	Uma casamáta.	*Oùma casamàta.*
Un chemin couvert.	Úma estráda-cobérta.	*Oùma estràda-cobèrta*
Une citadelle.	Úma cidadélla.	*Oùma cidadèla.*
Une contre-mine.	Úma côntra-mína.	*Oùma cóntra-mìna.*
Des courtines.	Cortínas.	*Cortìnas.*
Une coupure.	Úma cortadúra.	*Oùma cortadoùra.*
Une demi-lune.	Úma méia-lúa.	*Oùma méia-loùa.*
Un fort.	Úm fórte.	*Oùm fòrte.*
Une forteresse.	Úma fortalèza.	*Oùma fortalèza.*
Un fortin.	Úm fortím.	*Oùm fortìm.*
Des gabions.	Cestões.	*Cestóens.*
Une galerie.	Úma galería.	*Oùma galerìa.*
Un glacis.	Úma esplanáda.	*Oùma esplanàda.*
Une herse.	Úma porta-levadíça.	*Oùma pòrta-levadiça.*
Un parapet.	Úm parapéito.	*Oùm parapéito.*
Un pont-levis.	Úma pônte-levadíça.	*Oùma pónte-levadiça.*
Une sape.	Úma cóva, úma solapa.	*Oùma solàpa.*

Termes de marine.	**Tèrmos dê marínha.**	**Térmos dè marìgna.**
L'amiral.	Â capitânia.	*A capitània.*
L'ancre.	À âncora.	*A àncora.*
Une barque.	Úma bárca.	*Oùma bàrca.*
Un bâtiment.	Úma embarcação.	*Oùma embarcaçàon.*
La boussole.	Â bússola.	*A boùssola.*
Un brûlot.	Úm brulóte.	*Oùm broulòte.*
Le cabestan.	Ô cabrestânte.	*O cabrestànte.*
Un cable.	Úma amárra.	*Oùma amàrra.*
Un canot.	Úma canôa.	*Oùma canòa.*
Capitaine de vaisseau.	Capitão dê már-ê-guérra.	*Capitàon dè màr.*
Une chaloupe.	Úma chalúpa.	*Oùma chaloùpa.*
La chiourme.	Á chúsma.	*A choùsma.*
Un comite	Úm comítre.	*Oùm comitre.*
Contre-maître.	Contraméstre.	*Contramèstre.*
Les cordes.	Âs córdas.	*As còrdas.*
Un corsaire.	Úm corsário.	*Oùm corsàrio.*
L'éperon.	Ô béque.	*O bèqoue.*
L'équipage.	Â equipágem.	*A eqouipàgim.*
Une flûte.	Úma charrúa.	*Oùma charroua.*

Une frégate.	Úma fragáta.	*Oùma fragàta.*
Une galère.	Úma galéra.	*Oùma galèra.*
Un gouvernail.	Ô léme.	*O lème.*
Des matelots.	Marinhêiros, marújos.	*Marignéiros.*
Les mâts.	Òs mástros *ou* mástos.	*Os màstos.*
Pavillon.	Bandêira.	*Bandéira.*
Pilote.	Pilôto.	*Pilóto.*
La poupe.	Â pôppa.	*A pôpa.*
La proue.	Â próa.	*A próa.*
Le tillac.	Ô convés.	*O convés.*
Le timon.	Â cânna-dô-léme.	*A càna-dó-lème.*
Instruments de musique.	**Instrumêntos dê música.**	**Instroùmintos dé moùsica.**
Un clairon.	Úm clarím.	*Oùm clarìm.*
Un clavecin.	Úm crávo.	*Oùm cràvo.*
Un cor.	Úma busína.	*Oùma bouzìna.*
Une épinette.	Úma espinéta.	*Oùma espinéta.*
Un fifre.	Úm pífano.	*Oùm pìfano.*
Un flageolet.	Úma flautínha.	*Oùma flautìgna.*
Une flûte.	Úma fláuta.	*Oùma flàota.*
Une guitare.	Úma guitárra *ou* vióla.	*Oùma gouitàrra.*
Une harpe.	Úma árpa.	*Oùma àrpa.*
Un luth.	Úm alaúde.	*Oùm alaùde.*
Une musette.	Úma gäita-dê-fólle.	*Oùma gaïta-dé-fòle.*
Des orgues.	Úm órgão.	*Oùm orgàon.*
Un psaltérion.	Úm psaltério.	*Oùm saltèrio.*
Un tambour.	Úm tambôr.	*Oùm tambôr.*
Une trompette.	Úma trombéta.	*Oùma trombèta.*
Une vielle.	Úma sanfôna.	*Oùma sanfóna.*
Une viole.	Úma vióla.	*Oùma viòla.*
Un violon.	Úma rebéca, úm rebecão.	*Oùma rebèca.*
Châtiments.	**Castígos.**	**Castìgos.**
Amende.	Condemnação.	*Condenaçàon.*
Amende honorable.	Confessão-pública-dê-delícto.	*Confissàon poùblica dé delìto.*
Bannissement.	Destêrro, degrêdo, exílio.	*Destérro, exìlio.*

La bastonnade.	Bastonáda, pauládas.	*Bastonàda, paolàdas.*
Le cachot.	Ô calabôuço.	*O calaböïço.*
Le carcan.	Â golílha.	*A golìlla.*
Décapiter.	Degollár.	*Degolàr.*
Empaler.	Empalár.	*Empalàr.*
Étrangler.	Estrangulár.	*Estrangoulàr.*
Fouetter.	Açoutár.	*Açoïtàr.*
Les galères.	Âs galés.	*As galès.*
Marquer.	Marcar.	*Marcàr.*
Mettre des menottes.	Algemár.	*Algemàr.*
La prison.	Â prisão.	*A prisaon.*
La question.	Â tortúra.	*A tortoùra.*
Rouer.	Rodár.	*Rodàr.*
Tenailler.	Atanazár.	*Atanazàr.*
Tirer à quatre chevaux.	Esqurtejár.	*Esqouartejàr.*

De la campagne.	**Dô câmpo.**	**Dó càmpo.**
Les arbres.	Âs árvores.	*As àrvores.*
Le bercail.	Úm curral.	*Oùm courràl.*
Des boissons.	Cárças.	*Càrças.*
Une charrue.	Úm arádo.	*Oùm aràdo.*
Des chaumières.	Choupânas.	*Chopánas.*
Un colombier.	Úm pombal.	*Oùm pombàl.*
Des épines.	Espínhos.	*Espìgnos.*
Une étable.	Úm currál *ou* bárdo.	*Oùm bàrdo.*
Une faucille.	Úma foucínha.	*Oùma foïcìgna.*
Une faux.	Úma fôuce.	*Oùma föïce.*
Du foin.	Fêno.	*Féno.*
Une fourche.	Úm forcádo.	*Oùm forcàdo.*
Le gazon.	Â rélva, âs lêivas.	*A rèlva, às léivas.*
Une grange.	Úm cellêiro *ou* casál.	*Oùm celéiro.*
Des haies.	Sébes.	*Sèbes.*
Des herbes.	Hérvas.	*Hèrvas.*
Une herse.	Úma gráde-dê-destorroár.	*Gràde-dé-destorroàr.*
Un boyau.	Úm enxadão.	*Oùm enchadáon.*
Une motte.	Úm terrão.	*Oùm terráon.*
Un parc.	Úm párque.	*Oùm pàrque.*
Un pâturage.	Úm pásto.	*Oùm pàsto.*
Une pépinière.	Úm vivêiro-d'enxêrtos.	*Vivéiro-d'enchértos.*

Des prés.	Prádos.	*Pràdos.*
Un pressoir.	Úm logár.	*Oùm logàr.*
Un rateau.	Úm encínho.	*Oùm incìgno.*
Un sarcloir.	Úm sácho.	*Oùm sàcho.*
Des sillons.	Rêgos, súlcos.	*Régos, soùlcos.*
Une treille.	Úm parreirál, úma latáda.	*Oùm parreiràl.*
Un troupeau.	Úm rebânho, fáto, grêi.	*Oùm rebàgno.*
Un van.	Úma pá dê limpár trígo.	*Pà dé limpàr trigo.*
Un verger.	Úm pomár, vergél.	*Oùm pomàr, vergèl.*
Des vignes.	Vínhas.	*Vìgnas.*
Pour monter à cheval.	**Pâra montár â cavállo.**	**Pára montàr á cavàlo.**
Les bottes.	Âs bótas.	*As bòtas.*
La bride.	Ô frêio, âs rédeas.	*O fréio, às rèdeas.*
Les éperons.	Âs espóras.	*As espòras.*
Les étriers.	Ôs estribos.	*Os estrìbos.*
Le fouet.	Ô chicote.	*O chicòte.*
Les gants.	Âs lúvas.	*As loùvas.*
La houssine.	Â varínha.	*A varìgna.*
La selle.	Â séllla.	*A sèla.*
Pour écrire.	**Pâra escrevêr.**	**Pára escrevér.**
Le cachet.	Ô sinéte.	*O sinète.*
Le canif.	Ô canivéte.	*O canivète.*
De la cire d'Espagne.	Lácre.	*Làcre.*
L'écritoire.	Ô tinctêiro.	*O tintéiro.*
De l'encre.	Tíncta.	*Tìnta.*
Du pain à cacheter.	Obrêia.	*Obréita.*
Du papier.	Papél.	*Papèl.*
La plume.	Â pénna.	*A péna.*
Le sable.	Â arêia.	*A arèia.*
Le sablier.	O areiêiro.	*O areiéiro.*
Dieu.	Dêos.	*Déos.*
Jésus-Christ.	Jesú-Chrísto.	*Jesoùs-Christo.*
Notre-Dame.	Nóssa-Senhôra.	*Nòssa-Segnòra.*
Le Saint-Esprit.	Ô Espírito-Sâncto.	*O Espìrito-Sànto.*

Les anges.	Ôs ânjos.	*Os ànjos.*
Les apôtres.	Ôs apóstolos.	*Os apòstolos.*
Les archanges.	Ôs archânjos.	*Os arcànjos.*
Les chérubins.	Ôs cherubins.	*Os keroubìns.*
Les patriarches.	Ôs patriárcas.	*Os patriàrcas.*
Les prophètes.	Ôs prophétas.	*Os prophètas.*
Nombres.	**Números.**	**Noùmeros.**
Un.	Húm *ou* úm.	*Hoùm* ó *oùm.*
Deux.	Dòus *ou* dôis.	*Dóus* ó *doïs.*
Trois.	Três.	*Trés.*
Quatre.	Quátro.	*Qouàtro.*
Cinq.	Cinco.	*Cinco.*
Six.	Séis.	*Séis.*
Sept.	Séte.	*Sète.*
Huit.	Òuto *ou* ôito.	*Oùto* ó *oïto.*
Neuf.	Nóve.	*Nòve.*
Dix.	Déz *ou* dés.	*Dèz* ó *dès.*
Onze.	Ônze.	*O'nze.*
Douze.	Dôze.	*Dóze.*
Treize.	Trêze.	*Tréze.*
Quatorze.	Quatôrze.	*Qouatórze.*
Quinze.	Quinze.	*Qouinze.*
Seize.	Dezaséis *ou* déseséis.	*Dèzaséis* ó *deseséis.*
Dix-sept.	Dezaséte *ou* deseséte.	*Dèzasète* ó *dèsesète.*
Dix-huit.	Dezóito.	*Dèzòïto.*
Dix-neuf.	Dezanóve *ou* désenove.	*Dezanòve* ó *désenòve.*
Vingt.	Vínte.	*Vïnte.*
Vingt et un.	Vínte-ê-úm.	*Vïnte-é-oùm.*
Vingt-deux.	Vínte-ê-dois.	*Vïnte-é-doïs.*
Vingt-trois.	Vínte-ê-três.	*Vïnte-è-trés.*
Vingt-quatre., etc.	Vínte-ê-quátro, etc.	*Vïnte-é-qouàtro, etc.*
Trente.	Trínta.	*Trïnta.*
Quarante.	Quarênta.	*Qouarinta.*
Cinquante.	Cincoênta.	*Cincouinta.*
Soixante	Sessênta.	*Sessinta.*
Soixante-dix.	Setênta.	*Setinta.*
Quatre-vingts.	Oitenta.	*Oitinta.*
Quatre-vingt-dix.	Novênta.	*Novinta.*

Cent.	Cêm.	*Cém.*
Deux cents.	Duzêntos.	*Douzintos.*
Trois cents.	Trezêntos.	*Trezintos.*
Quatre cents.	Quatrocêntos.	*Qouatrocintos.*
Cinq cents.	Quinhêntos.	*Qouignìntos.*
Six cents.	Seiscêntos.	*Seiscintos.*
Sept cents.	Setecêntos.	*Setecintos.*
Huit cents.	Oitocêntos.	*Oitocintos.*
Neuf cents.	Novecêntos.	*Novecintos.*
Mille.	Mil.	*Mìl.*
Deux mille.	Dòis míl.	*Döïs mìl.*
Cinq mille.	Cínco míl.	*Cìnco mìl.*
Dix mille.	Déz míl.	*Dès mìl.*
Cent mille.	Cêm míl.	*Cém. mìl.*

	Diphthongues.			Diphthongos.
Aimerai.	Ai	vale	*ê.*	Amarei.
Faible.	Ai	—	*é.*	Fraco.
Je faisais.	Ais	—	*é.*	Eu fazia.
Ils faisaient, oient.	Aient, oient	—	*é.*	Elles fazião.
Auteur.	Au	—	*ô.*	Author.
Muraille.	Aille	—	*álhe.*	Muralha.
Chapeau.	Ch	—	*x.*	Chapeo.
Reine.	Ei	—	*é.*	Raínha.
Geôlier.	Eô	—	*ô.*	Carcereiro.
J'ai eu.	Eu	—	*ú.*	Eu tenho tido.
Enfant.	En	—	*ân.*	Menino.
Femme.	Em	—	*âm.*	Mulher.
Vieille.	Eill	—	*élhe.*	Velha.
Ils voulurent.	Ent	—	*ê.*	Elles quizerão.
Exact.	Ex	—	*egz.*	Exacto.
Songea.	Ea	—	*á.*	Cuidou.
Montagne.	Gn	—	*nh.*	Montanha.
Dignité.	Gni	—	*nhi*	Dignidade.
Venin.	In	—	*ên.*	Veneno.
Fille.	Ill	—	*ilhe.*	Filha.
Roi.	Oi	—	*oá.*	Rei.
Toujours.	Ou	—	*ú.*	Sempre.
Quenouille.	Ouil	—	*úlhe.*	Roca.

François, Français.	Francisco, Francez.	Ois vale *oá ou é.*
Foin.	Feno.	Oin — *oen.*
Phare.	Farol.	Ph — *f.*
Vide.	Vasio.	Ui — *i.*
Nymphe.	Nympha.	Im — *êm.*

	Triphthongos.	**Triphthongues.**
Essaie.	Ensaio.	Aie vale *é.*
Août.	Agosto.	Aou — *ût.*
Geai.	Alegre.	Eai — *gliê.*
Chapeau.	Chapeo.	Eau — *ô.*
Vue.	Vista.	Eue — *ü.*
Deuil.	Lucto.	Euil — *eulhe.*
Dieu.	Deos.	Ieu — *iü.*
OEil.	Olho.	Oei — *êu.*
Nœud, œuf, œuvre.	Nô, ovo, obra.	Oeu — *eu.*
Ils avaient.	Elles tinhão.	Aie — *é.*
Louange.	Louvor.	Oua — *ua.*
Fouet.	Açoute.	Oue — *ué.*
Louis.	Luiz.	Oui — *ui.*
Recueil.	Recopilação.	Uei — *êu.*

PHRASES FAMILIÈRES.

PHRASES FAMILIARES.

Apportez-moi le couteau.	Trazêi-me *ôu* trága-me â fáca.
Allez chercher.	Íde *ôu* vá buscár.
Avez-vous quelque chose à me commander?	Têndes *ôu* têm algúma côusa â mandár-me?
Assurez-le de mon souvenir.	Certificái-o *ôu* certifíque-o dâ mínha lembrânça.
Assurez-le de mon amitié.	Assegurái-lhe *ôu* assegúre-lhe â mínha amizáde.
*Assurez Mme L*** de mes respects.*	Pònde-me *ôu* pônha-me âos pés dâ senhòra L***.
Avancez.	Íde *ôu* vá para diante.
Approchez-vous de moi.	Chegâi-vos *ôu* chégue-se â mim.
Allez-vous-en.	Íde-vos *ôu* vá-se embóra.
Attendez un peu.	Esperái *ôu* espére úm pôuco.
Allez par là.	Íde *ôu* vá pôr lá ôu alli.
A qui parlez-vous?	Â quem falláis *ôu* fálla Vm?
Avez-vous dit cela?	Disséstes *ôu* dísse ísso?
Avez-vous entendu ce qu'il a dit?	Entendêstes, óuvístes *ou* entendêo, ouvío ô quê êlle dísse?
A quoi sert cela?	Pâra quê *ôu* dê quê sérve ísso?
A quel propos a-t-il dit cela?	Â quê propósito dísse êlle ísso?
Approchez-vous du feu.	Chegaí-vos *ôu* chégue-se âo fôgo, âo lúme.
Aidez-moi.	Ajudái me *ôu* ajúde-me.
Avez-vous fait?	Têndes acabádo *ôu* acabôu?
Achevez.	Acabái *ôu* acábe.
Asseyez-vous.	Assentái-vos *ôu* assênte-se.
Allez chanter.	Íde *ôu* vá cantár.
Apprenez le français.	Apprendêi *ôu* apprênda ô francez.
Allez-vous coucher.	Íde-vos *ôu* vá-se deitár.
Allons-nous promener.	Vâmos passeiár.
Allons prendre l'air.	Vâmos tomár ár *ôu* espairecêr.
Allons-y à pied.	Vâmos lá â pé.

Allons par ici.	Vâmos pôr aquí.
A main droite, à droite.	Á mão dirêita, á dirêita.
A main gauche, à gauche.	Á mão esquêrda, á esquêrda.
Allons tous ensemble.	Vâmos tôdos júntos.
Asseyez-vous à votre place.	Assentái-vos nô vósso *ôu* assênte-se nô seu lugár.
Apprenez votre leçon par cœur.	Apprendêi â vóssa *ôu* apprênda â súa lição dê cór.
A qui est ce livre?	Dê quêm é êsse livro?
Avez-vous une plume et de l'encre?	Têndes *ôu* têm pênna ê tínta?
A quelle heure vous êtes-vous levé?	Á quê hóras vós levantastes *ôu* sê levantou?
A dix heures.	Ás déz hóras.
Ayez confiance en moi.	Confiái-vos *ôu* confié-se êm mím.
Attendez-moi.	Esperái-me *ôu* espere-me.
Avez-vous compris ce que j'ai dit?	Entendêstes *ôu* entendêu ô que êu dísse?
A quoi pensez-vous?	Êm quê pensáis *ôu* êm quê pênsa?
Aimez-vous le café?	Gostais *ôu* gósta Vm. de café?
Assaisonnez la salade.	Temperái *ôu* tempére â saláda.
Aiguisez votre canif.	Afiái ô vósso *ôu* afie ô sêu canivéte.
Au commencement de la semaine.	Nô princípio dâ semâna.
Ayez-en soin.	Têndc *ôu* tênha cuidádo n'ísso *ôu* d'isso.
Attachez cela avec une épingle.	Pregái *ôu* prégue ísso côm úm alfinête.
Ayez la bonté de me le dire.	Têndc *ôu* tênha â bondáde dê m'ô dizer.
A qui est ce chapeau?	À quêm pertênce *ôu* de quêm é êsse chapéo?
A qui croyez-vous avoir affaire?	Com quêm pensáis *ôu* pênsa Vm. tratar?
A-t-il des enfants?	Têm filhos?
A quelle heure dîne-t-on?	Â quê hóras sê janta?
Allons bien doucement.	Vâmos bêm dê vagár.
Apportez-moi des draps bien blancs.	Trazêi-me *ôu* trága-me lençóes bêm lavádos.
Appelez la servante.	Chamái *ôu* châme â criáda.
Avancez cette chaise près de moi.	Chegái *ôu* chêgue êssa cadêira pâra ô pé dê mím.
Avez-vous fait ma commission?	Fizéstes *ôu* fez Vm. â minha commissão?
Arrêtez-vous.	Parái *ôu* páre.
Amusez-vous à cueillir des fleurs.	Divertí-vos *ôu* divírta-se â colhêr flôres.
Appliquez-vous à l'étude pendant que vous êtes jeune.	Applicái-vos *ôu* applíque-se âo estúdo êm quânto é môço.

Ayant pris congé, je m'en allai.	Tomáda licença, partí.
Allons donc, vous badinez.	Ôra vós gracejáis *ôu* Vm. gracèja.
A la bonne heure.	Bêm está.
Ayez la bonté de passer.	Tênde *ôu* têuha â bondáde dê passár *ôu* voltár.
Avez-vous dit cela?	Disséstes *ôu* dísse Vm. ísso?
A quoi sert cela?	Pâra *ôu* dê quê sérve ísso?
Aimez-vous la soupe?	Gostáis *ôu* gósta dê sôpa?
Brisons là-dessus.	Deixêmos ísso.
Buvez donc.	Bebêi *ôu* bêba pôis.
Bassinez mon lit.	Aquentái-me *ôu* aquênte-me â câma.
C'est le mieux.	É ô melhór.
Croyez-moi.	Crêde-me *ôu* crêia-me.
Cela n'est pas impossible.	Ísso não é impossível.
Cela est faux.	Ísso é falso.
C'est un mensonge.	É úma mentíra.
C'est tout un.	Tudo é úm.
C'est la même chose.	É â mêsma côusa *ôu* ô mêsmo.
Comment dites-vous?	Cômô dízeis *ôu* díz Vm?
Combien de fois avez-vous été marié?	Quântas vêzes têndes, têm casádo *ôu* casôu?
Coiffez-vous.	Toucái-vos *ôu* tôuque-se.
Commencez.	Começái *ôu* coméce.
Continuez.	Continuái *ôu* continúe.
Cela n'est pas bien fait.	Ísto *ôu* ísso não está bêm fêito.
Cette viande est-elle bonne?	Ésta cárne é bôa?
Chantez un air.	Cantái *ôu* cânte úma ária.
Cherchez votre livre.	Buscái ô vósso *ôu* búsque ô sêu lívro.
Comme il vous plaira.	Cômo quizérdes *ôu* quizer.
Cela est bon pour la santé.	Ísso é bôm pâra â saúde.
Cet endroit est fort gracieux.	Êste sítio é muito agradável *ôu* amêno.
C'est une belle plaine.	É úma bélla *ôu* linda planicie.
Ces ombres sont fort agréables.	Éstas sômbras são múi aprazíveis.
Couchons-nous sur l'herbe.	Deitêmo-nos sôbre â hérva.
Ces arbres font une belle ombre.	Éstas árvores fazem *ôu* dão bôa sômbra.
Ces abricots et ces pêches me font venir l'eau à la bouche.	Êsses damáscos ê pêcegos fázem-me vír água à bôca.
C'est signe de beau temps.	É signál dê bôm têmpo.

Comment le savez-vous?	Cômo ô sabêis vôs *ôu* ô sábe Vm.?
C'est un petit hiver.	É úm pequêno *ôu* cúrto invérno.
Comment pouvez-vous le nier?	Cômo podêis *ôu* póde negal-o?
Cela est vrai.	Ísso é verdáde *ôu* cérto.
Cela est très-certain.	Ísso é certíssimo.
Cela est très-probable.	Ísso é múi provável.
Cela est faux.	Ísso é fálso.
Cela est bien obligeant.	Ísso é múi obsequioso.
Cela dépend de vous.	Ísso depênde dê vós *ôu* está nâ súa mão.
Ce vin est de mauvaise qualité.	Êsse vínho é dê má qualidáde *ôu* péssimo.
Ce soir, j'irai voir la nouvelle pièce.	Irêi esta nôite vêr â nóva péça.
Comment vous êtes-vous porté?	Como passástes *ôu* passôu Vm.?
Cirez mes souliers.	Engraixái *ôu* engráxe-me ôs sapátos.
Ce chapeau vous va bien.	Bèm vôs está *ôu* lhe está êsse chapéo.
Ces souliers sont trop étroits.	Esses sapâtos são muíto estrêitos *ôu* justos.
Ces bottes me gênent beaucoup.	Êssas bótas mê incommodão *ôu* moléstão múito.
Cet habit vous va fort bien.	Êste vestído assênta-vos *ôu* assenta-lhe bêm.
Ce papier boit.	Êsse papél é passênto.
C'est un cas pendable.	É cáso dê fôrca.
C'est ce que j'ai pensé.	Assím ô pensêi *ôu* crí.
C'est une chose résolue.	É côusa decidída.
Ce n'est pas bien.	Ísso não é *ôu* vái bêm.
Cela me regarde.	Ísso respêita-me *ôu* tóca-me.
C'est ce qui vous trompe.	Enganái-vos *ôu* engâna-se n'ísso.
Cela le fâche.	Ísso desgósta-o *ôu* encolerísa-o.
Cessez cette dispute.	Cessái *ôu* césse éssa dispúta.
C'est de votre faute.	Â cúlpa é vóssa *ôu* súa.
C'est un homme illettré.	É hómem illitteráto.
Couvrez-vous.	Pônde *ôu* pônha ô sêu chapéo.
Chauffez-vous près du poêle.	Aquentái-vos *ôu* aquênte-se âo fogão.
Ce n'est pas votre argent.	Êsse dinhêiro não é vósso *ôu* sêu.
Ce sont des mets dont vous devez vous abstenir.	São manjáres dê quê *ôu* dôs quáes devêis abster-vos *ôu* déve abstér-se.
Cela est malhonnête.	Ísso é descortêz *ôu* inurbâno.
Cette femme est charmante	Éssa dâma *ôu* senhôra é amavél.
Cela vous sied à merveille.	Ísso vôs está *ôu* lhê está lindamênte.
Cela ne suffit pas.	Ísso não básta.

Ce poêle fume.	Êsse fogão fúma *òu* fuméga.
Cette viande n'est pas assez cuite.	Ésta cárne não está assaz *ôu* bêm cuzída.
Coupez cette poularde.	Trinchái *ôu* trínche ésta frânga.
Ce vin est naturel.	Ȇste vínho é naturál.
Cette encre est blanche.	Ésta tínta está brânca *ôu* aguáda.
Combien rapporte la terre?	Quanto prodúz *ôu* rênde â térra?
Cette lorgnette ne vaut rien.	Este óculo *ôu* lunêta não présta.
Ce bois ne brûle pas.	Ésta *ôu* éssa lênha não árde.
Cette chambre est remplie de punaises.	Êste quárto está chêio *ôu* inçádo dê porçovêjos.
C'est assez.	É bastânte *ôu* básta.
Comptez sur moi.	Contái *ôu* cônte comígo.
C'est un jeune homme qui est bien dans ses affaires.	É úm mancêbo abastádo *ôu* endinheirádo.
Ce n'est point là un trait d'ami.	Éssa acção não é d'amígo.
Cette cloche a un son argentin.	Êste síno têm sôm argentíno.
Cette fille a une belle taille.	Éssa reparíga é airósa.
Cela n'est pas à la portée de ma vue.	Ísso não está âo alcânce dâ mínha vísta.
C'est une comédie assez plaisante.	É úma comédia assáz jocósa.
Ce portrait est un peu flatté.	Êsse retráto é, está um pouco embellecído.
C'est un bruit qui fend la tête.	É úm estrôndo que québra â cabêça.
Ce bois est plein de voleurs.	Êsse bósque está chêio dê ladrões.
C'est un homme sûr.	É hómem dê confiânça.
C'est un homme brusque.	É hómem ardênte, arrebatádo.
C'est un homme malhonnête.	É hómem descortêz, incivíl, grossêiro.
Cela ne m'accommode pas.	Ísso não mê arrânja.
Ce n'est pas mon affaire.	Ísso não mê tóca.
De tout mon cœur.	Dê tôdo ô mêu coração.
Disposez de votre serviteur.	Dispônha dô vóssô *ôu* seû criádo.
Donnez-moi quelque chose à manger.	Dái-me *ôu* dê-me algúma côusa pâra *ôu* a comêr.
Donnez-moi à boire.	Dái-me *ôu* dê-me dê *ôu* a bebêr.
D'où venez-vous?	D'ônde víndes *ôu* vêm?
Demeurez là.	Esperái *ôu* espére lá, *ôu* ahí.
Demeurez en repos.	Estái *ôu* estêja quiéto.
Dites-moi, peut-on savoir?	Dizêi-me *ôu* díga-me, póde sabêr-se?
Dormez-vous?	Dormis *ôu* dorme?
Dépêchez-vous.	Aviái *ôu* avíe-se.

Dites vos prières.	Rezái *ôu* réze.
Dites ce que vous voulez.	Dizêi ô quê querêis *ôu* díga ô quê quér.
Dites-moi ce que vous aimez.	Dizêi-me dô quê gostáis *ôu* díga-me dê quê gósta.
Deshabillez-vous.	Despí-vos *ôu* díspa-se.
Dites-moi quelle heure il est.	Dizei-me *ôu* díga-me que hóras são.
D'où venez-vous?	D'onde víndes *ôu* vêm?
De chez moi, du logis.	Dê cása.
Dites-le lui, si vous voulez.	Dizêi-lh'o, sê querêis *ôu* díga-lh'o, sê quér.
Donnez-moi un verre de vin.	Daí-me *ôu* dê-me úm cópo dê vínho.
Descendez.	Descêi *ôu* dêsça.
Donnez-moi un tire-bottes.	Dái-me *ôu* dê-me úm descalçadôr.
De mon côté, je suis tout à vous.	Quânto â mim, sôu tôdo vôsso *ôu* sêu.
Déroulez ce papier.	Desenroláí *ôu* desenrôle êsse papél.
Déliez ce paquet.	Desatái *ôu* desáte esse embrulho.
Dites-moi votre sentiment.	Dizêi-me *ôu* díga-me ô seû parecêr.
Donnez-moi un autre verre.	Dái-me *ôu* dê-me ôutro cópo.
Donnez-moi du bois sec.	Dái-me *ôu* dê-me lênha sêcca.
Donnez-moi une assiette.	Dái-me, dá-me *ôu* dê-me úm práto.
Donnez-moi des pains à cacheter.	Dái-me *ôu* dê-me obrêias.
Donnez-moi du bon lait nouvellement tiré.	Dái-me *ôu* dê-me lêite frescál.
Donnez-moi du pain frais ou *rassis.*	Dái-me *ôu* dê-me pão mólle *ôu* dúro.
Donnez-moi, s'il vous plaît, une prise de votre tabac.	Dái-me *ôu* dê-mê, sê vôs *ôu* lhê apráz, úma pitáda dô vósso *ôu* seû tabáco.
Disculpez-moi auprès de votre frère.	Justificái-me *ôu* justifíque-me â sêu irmão.
Demain il sera entièrement son maître.	Êlle será á manhã interamênte livre.
Dieu vous bénisse.	Dêos vôs *ôu* ô abençôe.
Doucement.	Devagar.
Donnez-moi une autre leçon.	Dái-me *ôu* dê-mê ôutra lição.
Dansez un menuet.	Dansái *ôu* dânse úm minuéte.
Dites-moi oui ou non.	Dizéi-me *ôu* díga-me sím *ôu* não.
D'où vient que vous êtes si triste?	Porquê estáis *ôu* está tão triste?
Dans combien de temps serez-vous de retour?	Quândo voltarêis *ôu* vólta?
Et moi aussi.	Ê êu tãobêm *ôu* igualmênte.

Est-il vrai?	E verdáde?
En effet, il est ainsi.	Côm effêito, assím é.
Entrez.	Entrái *ôu* êntre.
Elle ne fait que causer et caqueter.	Élla não fáz senão conversár ê palrár.
Elle ne m'a rien dit.	Ella não mê dísse náda *ôu* náda me dísse.
Écoutez, venez ici.	Escutái *ôu* escúte, vínde *ôu* vênha cá.
Entendez-vous le français?	Entendêis *ôu* entênde ô francez?
Elle me connaît.	Élla conhêce-me.
Êtes-vous encore au lit ou couchée?	Estáis *ôu* está aínda nâ câma *ôu* deitáda?
Éveillez-vous?	Acordái *ôu* acórde.
Est-il déjà temps de se lever?	É já têmpo dê levantár?
Êtes-vous levé?	Estáis *ôu* está erguído?
Est-elle habillée?	Está vestída?
Elles sont toutes deux fort jolies.	Àmbas são múito bonítas.
Entrez dans le bateau.	Entrái *ôu* êntre nô bárco.
Êtes-vous las?	Estáis *ôu* está cançádo?
Entrons-nous dans ce bosquet?	Entrêmos n'êsse bosquête?
Environ les dix heures.	Déz hóras, pôuco máis *ôu* mênos.
Elle avance.	Élle adiánta-se.
Elle retarde.	Élle atráza-se.
Elle ne va pas.	Não ânda.
Étudiez votre leçon.	Estudái â vossa *ôu* estúde â súa lição.
Entrez.	Entrái *ôu* êntre.
Écoutez, venez ici.	Escutái *ôu* escúte, vínde *ôu* vênha cá.
Êtes-vous lié avec lui?	Têndes *ôu* têm entráda côm êlle?
Êtes-vous marié?	Sôis *ôu* é casádo?
Essayez cette plume.	Experimentái *ôu* experimente ésta pênna.
Effacez ce mot.	Riscái *ôu* rísque aquélla palávra.
Envoyez-le chercher.	Mandái-o *ôu* mânde-o buscár.
Elle est très-laide ou *jolie.*	Élla é feíssima *ôu* lindíssima.
Emmenez-le.	Levái-o *ôu* léve-o.
Elle a soin de son ménage.	Élla cúida nô govêrno dê súa cása.
Éloignez-vous de la rivière.	Afastái-vos *ôu* afáste-se dô río.
*Elle demeure dans la rue de ***.*	Élla móra *ôu* assíste nâ rúa dê ***.
Elle sait broder.	Élla sábe bordár.
Êtes-vous né en France?	Nascêstes *ôu* nascêu Vm. êm Frânça?
Étudiez davantage.	Estudái *ôu* estúde máis.
Évitez l'oisiveté.	Evitái *ôu* evíte ô ócio.
Entrons dans ce café.	Entrêmos n'êsse botequím *ôu* lója-dê-bebídas.

Elle n'a pas encore atteint la vingtième année de son âge.	Élla aínda não tem vínte ânnos.
Elle fait la prude.	Élla affécta virtúde *ôu* gravidáde.
Entrez.	Entrâi *ôu* êntre.
Épelez ce mot-là.	Soletrâi *ôu* solétre éssa palávra.
Encre trop épaisse.	Tínta múito espêssa *ôu* gróssa.
Elle a toujours quelque chose qui lui fait mal.	Élla têm sêmpre algúma côusa quê lhê fáz mál *ôu* â incommóda.
Êtes-vous son parent?	Sôis *ôu* é Vm. sêu parénte?
Est-ce ainsi que vous agissez à mon égard?	É assím quê vós usais *ôu* Vm. úsa pâra comígo *ôu* â mêu respêito?
Faites-moi cette faveur.	Fazêi-me *ôu* fáça-me êste favôr.
Faites fonds sur moi.	Fazêi, fáça *ôu* cônte comígo.
Foi d'homme de bien ou *d'honneur.*	Á fé d'homêm dê bêm *ôu* dê hônra.
Fermez la porte ou *la fenêtre.*	Fechâi *ôu* féche â pórta *ôu* â janélla.
Faites la révérence.	Fazêi *ou* fáça â cortezía.
Fait-il chaud ou *froid?*	Fáz cálma *ôu* frio?
Faisons une chose.	Façâmos úma côusa *ôu* coisa.
Faites servir le bœuf.	Trazei *ôu* trága pâra â mésa ô cozído.
Faites-vous couper les cheveux.	Fazêi-vos *ôu* fáça-se cortár ôs cabêllos.
Goûtez ce vin.	Provâi *ôu* próve êste vinho.
Habillez-vous.	Vestí-vos *ôu* vista-se.
Habillez-moi.	Vestí-me *ôu* vistar-me.
Hâtez-vous de déjeûner.	Acabâi *ôu* acábe dê almoçár.
Huit heures sont sonnées.	São ôito hóras dádas.
Hâtons-nous, dépêchons-nous.	Apressêmo-nos, aviêmo-nos.
Hier je me suis couché de bonne heure.	Hôntem deitêi-me cédo.
Il est vrai.	É verdáde.
Il n'est que trop vrai.	É máis quê verdáde.
Il me semble qu'il y a trois jours que je n'ai rien mangé.	Paréce-me quê há três días não tênho comído náda.
Il ne veut pas se taire.	Êlle não sê quér calár.
Il ne m'a rien dit.	Êlle não mê dísse náda.
Il n'en saura rien.	Êlle náda saberá â êsse respêito.
Il le savait avant vous.	Êlle sabía-o primêiro que vós *ôu* Vm.

Il ne m'en souvient pas.	Não mê lêmbra.
Il y a deux ans que mon père est mort.	Há dôus ânnos quê mêu pái é môrto *ôu* morrêo.
Ils sont tous morts.	Tôdos são môrtos *ôu* morrêrão.
Il est près de neuf heures.	São pérto dê *ôu* quási nóve hóras.
Il est temps de dîner.	É têmpo dê jantár.
Il est temps de vous coucher.	É têmpo dê vôs deitárdes *ôu* dê sê deitár.
Il fait beau temps.	Fáz béllo têmpo.
Irons-nous en carrosse?	Irêmos êm carruágem ?
Il y a beaucoup de fruit cette année.	Há múita frúcta êste ânno.
Il se fait tard.	Fáz-se tárde.
Il fait mauvais temps.	Fáz máo têmpo.
Il fait un temps humide, pluvieux, orageux et venteux.	Fáz úm têmpo húmido, chuvôso, tempestuôso ê ventôso.
Il fait chaud ou froid.	Fáz cálma *ôu* frío.
Il pleut.	Chóve.
Il ne pleut pas.	Não chóve.
Il grêle.	Cáhe pédra.
Il neige.	Cáhe néve.
Il gèle.	Cáhe gêlo.
Il fait un grand orage.	Fáz úma grânde tempestáde.
Il tonne.	Fáz trevões *ôu* trovéja.
Il éclaire, il fait des éclairs.	Fáz relâmpagos *ôu* relampêia.
Il fait du vent.	Fáz vênto *ôu* vênta.
Il fait un grand brouillard.	Fáz grânde névoa *ôu* neblína.
Il est de bonne heure.	É cêdo.
Il n'est pas tard.	Não é tárde.
Il y a assez de temps.	Há múito têmpo pâra ísso.
Il n'est que midi.	É só mêio-día.
Il est près d'une heure.	E pérto d'úma hóra.
Il est une heure et demie.	É hóra-e-mêia.
Il est près de deux heures.	São quási dúas hóras.
Il s'en va minuit.	Vái pâra â mêia-nôite.
Il ne fait ni trop chaud ni trop froid.	Não fáz múita cálma, nêm múito frío.
Il n'a point fait de printemps.	Não têm fêito *ôu* havído primavéra.
Il fait une chaleur excessive.	Fáz úm calôr excessívo.
Il y a une grande abondance de fruits.	Há grânde abundância dê frúcta.

Il faut engranger le blé.	É necessário encelleirár o trígo.
Il m'a arraché le livre des mains.	Èlle arrancôu-me ô lívro dâs mãos.
Il me rit au nez, il se moque de moi.	Rio-me nâ cara, e zomba de mim.
Il m'a craché sur les habits.	Cuspío-me nô vestído.
Il m'a tiré par les cheveux.	Puxôu-me pelos cabêllos.
Il m'a donné des coups de pied.	Dêo-me pontapés.
Il le fait exprès, à dessein.	Êlle fál-o dê propósito.
Il m'a donné un soufflet.	Dêo-me úma bofetáda.
Il m'a égratigné le visage avec ses ongles.	Arranhôu-mê â cára côm âs únhas.
Il m'a frappé au visage.	Dêo-me na câra.
Ils me fendent la tête.	Êlles quebrão-me â cabêça.
Il commence à se faire vieux.	Começa a envelhecêr.
Il se porte bien, c'est le principal.	Êlle têm sàude, e êis o principál.
Il manque un couvert.	Fálta úm talhér.
Il fait clair de lune.	Fáz luár.
Il pleut à verse.	Chóve â cântaros.
Il va pleuvoir.	Vái chovêr.
Il n'y a pas de place au parterre.	Não há lugár *ôu* logar nâ platéia.
Il y a beaucoup de monde.	Hà múita gênte *ôu* enchênte.
Il est déchiré.	Está rôto, rasgado.
Il me serre trop.	Ápérta-me múito.
Il est très-bien fait.	É múito bêm fêito.
Il faut les retoucher.	É necessário *ôu* convêm, reléva retocál-os
Il est noyé de dettes.	Está crivádo dê dívidas.
Il s'est brûlé la cervelle.	Côm úm pistoláço fez-se saltár os miólos.
Il joue dans le jardin.	Èlle brínca no jardim.
Il refuse de se marier.	Recúsa cásar-se.
Il prodigue son argent.	Êlle prodíga ô dinhêiro.
Il n'y a rien de tel.	Náda há semelhânte *ôu* similhante.
Il n'y regarde pas de si près.	Èlle não é escrupulôso.
Il vaut son pesant d'or.	Vále pesádo â ôuro.
Il y en a de trop.	Há dê sobêjo.
Il donne dans le panneau.	Èlle cáhe *ôu* cai nâ rêde.
Il est très-irrité contre vous.	Está irritadíssimo côntra vós *ôu* Vm.
Ils s'accordent bien ensemble.	Concórdão bêm júntos.
Il fait le fat.	Èlle ostênta presumpção.
Il s'en fait accroire.	Èlle fáz quê ô crêião.
Il m'a dit beaucoup de bien de vous.	Disse-me múito bêm dê vós *ôu* dê Vm.

Il a le mot pour rire. É facéto.
Il n'y a rien de si aisé. Náda há máis fácil.
Il est tombé dans la boue. Cahio nâ lâma.
Il descendit de cheval. Apeiou-se dô cavállo.
Il le poursuivit vivement. Perseguio-o vivamênte.
Il se réfugia chez moi. Refugiôu-se êm minha cása.
Il ne vous arrivera rien. Não vôs *ôu* lhê acontecerá mál algúm.
Il n'est pas nécessaire que vous veniez. Não precísa vírdes *ôu* vír.
Il fera son chemin. Êlle vencerá seû camínho *ôu* prosperará.
Il est à son aise. Está â sêu cómmodo *ôu* é abastádo.
Il n'a rien de tout cela. Êlle náda têm dê túdo ísso.
Il est en faveur. Gósa dê crédito.
Il fait le diable à quatre. Êlle fáz ô diábo â quátro.
Il sait monter à cheval. Sábe móntar â cavállo *ôu* cavalgár.
Il fait balayer la chambre. Mânda varrêr ô quárto.
Il a le bras cassé. Têm ô braço quebrádo.
Il a un trou à la tête. Têm úm buráco nâ cabêça.
Il faut remettre un verre à ma montre. É necessário pôr úm vídro nô mêu relójio.
Il s'est battu en duel. Têve úm duélo, desafio.
Irez-vous au spectacle? Irêis *ôu* irá Vm. âo theátro?
Il faut agir avec sincérité. Convêm sê óbre côm sinceridâde.
Ils se battent tous les deux. Êlles brígão âmbos.
Il a manqué de tomber. Pôr pôuco não cahío, *ôu* cahíu.
Il tâche de me nuire. Elle quér prejudicár-me.
Il ne faut jamais se moquer des malheureux. Núnca devêmos zombár dôs infelízes.
Il vient de chanter. Êlle acába dê cantár.
Il allait partir. Êlle hía partir *ôu* estáva dê partída.
Il a perdu tout son bien. Êlle perdêo tôdos sêus bêns *ôu* havêres.
Il est recommandable tant par sa naissance que par son mérite. É estimável tânto pôr nascimênto quânto pôr mérito.
Il est pauvre, mais il est honnête homme. Êlle é póbre, mâs honrádo.
Il a plu toute la nuit. Chovêo tôda â nôite.
Il a agi en homme d'honneur. Obrôu cômo hómem próbo *ôu* honrado.
Il m'a volé mon mouchoir. Êlle furtôu-me ô lênço.
Il m'a joué un beau tour. Elle pregoû-me úma bélla pêça.
Il mit l'épée à la main. Lançôu mão á espáda.

Il a manqué d'être tué.	Pôr pôuco ô não matárão.
Il conte des fleurettes à toutes les femmes.	Êlle requébra tôdas âs mulhéres.
Il a été blessé à mort.	Fôi ferído mortálmente.
Il est aussi riche que toi.	É tão rico cômo tú.
Il s'est trompé.	Enganoû-se.
Il est venu ici de très-bonne heure.	Êlle vêio aquí *ôu* cá mûito cêdo.
Il le fera rompre de coups.	Matál-o-há ás pauládas.
Il vaudrait mieux s'y prendre par la douceur.	Sería melhór empregár â brandúra.
Il a bien pris ses mesures.	Êlle tomôu boas medidas.
Il sait vivre.	Êlle sábe vivêr *ôu* tratár.
Il m'a fait mille amitiés.	Êlle féz-me míl civilidádes.
Il a de l'honneur.	É hómem dê bêm *ôu* honrádo.
Il n'agit pas sincèrement.	Não tráta côm sinceridáde *ôu* óbra sinceramênte.
Il m'écrit régulièrement tous les mois.	Escréve-me pontualmênte tôdos ôs mêzes *ôu* câda mêz.
Je vous remercie.	Agradêce-vos *ôu* agradêço-lhe.
Je vous rends grâces.	Rêndo-vos gráças *ôu* rêndo-lhe gráças.
Je vous en supplie.	Êu vôl-o supplíco *ôu* supplíco-lh'o.
Je le ferai avec plaisir.	Fál-o-hêí côm-gôsto.
Je vous suis obligé.	Estôu-vos *ôu* estôu-lhe obrigádo.
Je suis votre serviteur.	Sôu vósso *ôu* sêu criádo.
Je vous prie d'en user librement avec moi.	Péço-vos usêis *ôu* úse livremênte comígo
Je vous aime de tout mon cœur.	Âmo-vos *ôu* âmo-o dê tôdo ô mêu coração.
Je n'attends que vos commandements.	Só espéro âs vóssas *ôu* súas órdens.
Je suis prêt à vous servir.	Estôu prômpto pâra, *ôu* â servír-vos *ou* â servil-o.
Je sais trop bien ce que je vous dois.	Sêi mûito bêm ô que vôs *ôu* lhe dêvo.
Je ne m'oublierai jamais.	Núnca mê esquecerêi.
Je suis confus de toutes vos civilités.	Estôu confúso dâs vóssas *ôu* súas civilidádes.
Je n'aime point tant de façons.	Não gósto dê tântas ceremónias.
Je crois qu'oui.	Crêio quê sím.
Je crois que non.	Crêio quê não.

Je dis que si.	Digo quê sím.
Je dis que non.	Digo quê não.
Je gage qu'oui.	Apósto quê sím.
Je gage que non.	Apósto quê não.
Je vous jure foi de gentilhomme.	Júro-vos *ôu* júro-lhe á fé dê fidálgo.
Je puis vous assurer.	Pósso certificár-vos *ôu* certificár-lhe.
Je me moquais.	Êu zombáva.
Je le faisais pour rire.	Êu fazía-o pâra rír.
J'y consens.	Consínto n'ísso *ôu* isso.
Je ne m'y oppose pas.	Não mê oppônho â ísso.
J'y donne les mains.	Dôu âs mãos.
J'en suis d'accord.	Estôu dê acôrdo *ôu* concórdo.
Je ne veux pas.	Não quéro.
Je m'y oppose.	Oppônho-me à ísso.
J'ai bon appétit.	Tênho appetíte *ôu* vontáde de comêr.
J'ai faim.	Tênho fóme.
Je mangerais bien un morceau de quelque chose.	Eu comería dê bôa vontade úm bocádo d'algúma cousa.
J'ai assez mangé.	Comí bastánte.
Je suis rassasié.	Estôu satisfêito *ôu* fárto.
Je n'ai plus d'appétit.	Não tênho máis appetíte *ôu* vontáde de comêr.
J'ai soif ou grand soif.	Tênho sêde *ôu* grânde sêde.
Je meurs, j'étouffe de soif.	Môrro dê sêde.
Je boirais bien un verre de vin.	Êu bebería dê *ôu* com bôa vontáde úm cópo dê vinho.
J'ai assez bu.	Bebí assáz, bastânte *ôu* múito.
Je ne saurais plus boire.	Não pósso bebêr máis.
Je m'en vais en France.	Vôu á *ôu* a França.
Je viens du palais.	Vênho dô palácio.
Je suis bien ici.	Estôu bêm aquí.
Je ne dis rien.	Não digo náda.
Je n'ai rien dit.	Êu náda disse.
Je me tais.	Cálo-me.
Je ne veux pas me taire.	Êu não quéro calár-me.
Je l'ai ouï dire.	Êu ouvío-o dízer.
Je ne l'ai jamais ouï dire.	Núnca ô ouví dizêr.
Je l'ai ouï dire aujourd'hui.	Ouví-o dizêr hôje.
Je ne le crois pas.	Não ó crêio.
Je le lui dirai.	Êu lh'o dirêi.

Je ne lui dirai pas.	Não lhê dirêi.
Je ne fais rien.	Não fáço náda.
Je n'ai rien fait.	Náda fiz.
Je ne vous entends pas.	Não vôs ôuço *ôu* ô ôuço.
Je ne saurais vous entendre.	Não pósso ouvír-vos *ôu* ouvil-o.
Je vous entends.	Ôuço-vós *ôu* ôuço-o.
Je vous écoute.	Eú vôs escúto *ôu* escúto-o.
Je vous entends bien.	Entêndo-vos bêm *ôu* entêndo-o bêm.
Je ne sais pas.	Não sêi.
Je ne le sais pas.	Não ô sêi.
Je n'en sais rien.	Não sêi náda.
Je le connais.	Conhêço-o.
Je ne le connais pas.	Não ô conhêço.
Je ne les connais pas.	Não ôs conhêço.
Je crois que je la connais.	Crêio quê â conhêço.
Je l'ai connue.	Conhecí-a.
Je la connais de vue.	Conhêço-a dê vísta.
J'ai oublié votre nom.	Esquecí ô vósso *ôu* sêu nôme.
J'ai l'honneur de la connaître.	Tênho â hônra dê â conhecêr.
Je ne m'en souviens pas.	Não mê lêmbra.
Je m'en souviens fort bien.	Lêmbro-mê d'ísso múito bêm.
J'ai vingt ans.	Tênho vínte ânnos.
J'ai trente ans.	Têm trínta ânnos.
J'ai un fils et trois filles.	Tênho úm fílho ê três fílhas.
Je suis enrhumé.	Estôu encatarroádo *ôu* endefluxádo.
Je ne sais que tousser et cracher.	Não fáço senão tussír ê cuspír.
J'ai fini ici.	Acabêi aquí.
Jouez de l'épinette.	Tocái *ôu* tóque espinhêta.
Jouez du clavecin.	Tocái *ôu* tóque crávo.
Jouez de la guitare.	Tocái *ôu* tóque vióla.
Je n'ai pas le temps.	Não tênho têmpo.
J'y consens.	Convênho *ôu* consínto n'ísso.
Je suis fort fatigué.	Estôu múito fatigádo *ôu* cançádo.
Je vois des pommes, des poires, des noisettes et des cerises.	Vêjo maçãs, pêras, avelãs, cerêjas.
J'aimerais mieux des noix ou des châtaignes.	Êu quizéra *ôu* quereria antes nózes *ôu* castânhas.
Je mangerais bien de ces prunes.	Êu comeria ântes éssas amêixas.
Je vois l'arc-en-ciel.	Vêjo ô árco-dâ-vélha *ôu* íris.
Je n'ai pas ouï l'horloge.	Não ouví o relójio.

Je crois qu'il n'est pas si tard.	Crêio quê não é *ôu* creio não sêr tão tárde.
Je sue ou je suis tout en eau.	Súo *ôu* estôu suádo.
Je meurs de chaud.	Mórro dê cálma.
Je n'ai jamais senti une telle chaleur.	Núnca sentí tál calòr.
Je n'ai jamais vu un hiver si froid.	Núnca ví úm invérno tão frío.
Je vais à l'école.	Vôu pâra *ôu* á escóla.
Je le dirai au maître.	Êu o dirêi *óu* dil-o-hêi âo méstre.
Je n'ai pas encore fait.	Aínda não acabêi.
J'écris mon thème.	Escrêvo ò mêu thêma.
Jusqu'où disons-nous?	Athé ônde dizêmos?
Jusqu'ici.	Athé aquí.
Je ne m'en soucie point.	Não sê mê dá d'ísso.
Je vous battrai dos et ventre.	Moer-vos-hêi *ôu* moêl-o-hêi às pancádas.
Je suis sûr que cela est.	Estòu cérto d'ísso.
Je ne dis rien du tout.	Não dígo náda.
Je gage que cela est.	Apósto quê isso é.
Je puis vous l'assurer.	Pósso affirmárvol-o *ôu* affirmár-lh'o.
Je parie ce que vous voulez.	Apósto ó quê vós quizérdes *ôu* Vm. quizér *ôu* queira.
Je n'en crois rien.	Não ô crêio.
J'ai peine à le croire.	Cústa-me â crêl-o.
Je ne plaisante pas.	Não gracêjo.
Je n'en sais rien.	Não sêi náda.
Je vous crois.	Êu vòs créio *ôu* ô crêio.
Je l'ai fait par plaisanterie.	Fíz ísso pôr gráça.
J'y consens.	Consínto.
Je vous remercie.	Agradêce-vos *ôu* agradêço-lhe.
Je le ferai avec plaisir.	Fál-o-hêi côm gôsto.
Je suis tout à vous.	Sôu tòdo vósso *ôu* sêu.
Je suis votre serviteur.	Sòu vósso *óu* sêu criádo.
Je n'attends que vos ordres.	Só espéro âs vóssas *ôu* súas órdens.
Je me sens défaillir.	Cáio êm *ôu* com fraquêza.
Je suis très-altéré.	Tênho múita sêde.
Je viens de boire.	Acábo dê bebêr.
J'ai bu beaucoup.	Bebí múito.
Je viens de chez moi.	Vênho dê minha cása.
Je viens de chez vous.	Vênho dê vóssa *ôu* súa cása.
Je suis pressé.	Tênho préssa.

Je suis bien ici.	Estôu *ôu* ácho-me bêm aquí.
Je ne puis pas m'en aller.	Não pósso ír-me.
J'irai par où vous voudrez.	Irêï pôr ônde vós quezérdes *ôu* Vm quizér.
Je ne dis rien.	Não dígo náda.
Je vais voir un de mes amis.	Vôu vêr úm amígo mêu.
Je n'ai pas dit un mot.	Não articulêi úma só palávra.
Je vous écoute.	Êu vôs escúto *ôu* escuto-o.
J'entends du bruit.	Sinto rumôr.
Je l'ai su avant vous.	Súbe-o ântes dê vós *ôu* Vm.
Je le connais de réputation.	Conhêço-o pôr fáma.
J'ai oublié votre nom.	Esquecí ô vósso *ôu* sêu nóme.
Je me souviens bien de lui.	Bêm mê lêmbro d'êlle.
J'ai quarante ans.	Tênho quarênta ânnos.
Je suis veuf.	Sôu viúvo.
Je vais le commencer.	Vôu começál-o.
J'ai de la peine à me faire comprendre.	Cústa-mé dár-me â entendér *ôu* intendér.
J'ai assez mangé.	Comí bastânte.
J'ai peur du tonnerre.	Tênho mêdo dô trovão.
Je n'ai pas entendu l'horloge.	Não ouví ô relójio *ôu* âs hóras.
Je louerai une loge.	Alugarêi úm camaróte.
Je n'ai pas lu l'affiche.	Não lí ô annúncio.
Je vous souhaite une bonne santé.	Deséjo-lhe bôa saúde.
J'ai mal aux dents.	Tênho dôr dê dêntes.
Je vous trouve une bonne santé.	Ácho-vos *ôu* ácho-o côm bôa saúde.
Je vais me lever.	Vôu erguêr-me *ôu* levantár-me.
J'ai mis mes bas à l'envers.	Calcêi âs mêias dô avêsso *ôu* ás avéssas.
Je vais essayer une paire de souliers.	Vôu provár úm pár dê sapátos.
Je ne puis pas ôter mes bottes.	Não pósso descalçár âs bótas.
Je vais manger un morceau.	Vôu comêr úm bocádo.
J'ai besoin d'encre.	Precíso tínta.
Je n'ai pas signé la lettre.	Não assignêi â cárta.
J'ai des affaires.	Tênho negócios.
Je ne prétends point vous gêner.	Não quéro incommodár-vos *ôu* incommodál-o.
Je vous préviens d'avance.	Avíso-vos *ôu* avíso-o anticipadamênte.
Je ne l'ai point fait exprès.	Não ô fiz dê propósito.
Je vous ai attendu jusqu'à présent.	Esperêi-vos *ôu* esperêi-o athé agóra.

Je m'étonne qu'il ne soit pas venu.	Admíra-me ô êlle não têr víndo.
Je vous en ai bien de l'obligation.	Fíco-lhe múito obrigádo.
Je suis bien aise de vous rencontrer.	Alégro-me summamênte de vôs encontrar *ôu* encontrál-o.
Je n'ai pas le moyen de faire tant de dépenses.	Não pósso fazêr tántos gástos.
Je ne m'en aperçois pas.	Não dôu fé d'isso.
Je vous arrangerai comme il faut.	Arranjár-vôs-hêí *ôu* arranjál-ô-hêi convenientemênte.
J'ai été effrayé.	Fiquêi assustádo *ôu* horrorisádo.
Je suis résolu de rompre avec lui.	Estôu resolvído â destampár côm êlle.
Je l'apaiserai.	Applacál-ô-hêi.
Je l'y habituerai.	Custumál-ô-hêi â ísso.
J'en suis bien aise.	Múito mê alégro.
Je réponds de lui.	Fíco pôr êlle.
Je l'ai tiré d'embarras.	Tirei-o d'apêrto.
Je lui tiens tête.	Oppônho-me â êlle.
Je suis prêt.	Estôu prômpto.
J'ai mouché la chandelle.	Espivitêi â véla.
J'ai résolu d'y aller.	Resolví ír lá.
Je décampe d'ici.	Êu vôu-me ôu çáfo-me d'aquí.
Je suis venu aussi vite que lui.	Vím tão depréssa cômo êlle.
Je n'y suis pas resté une semaine.	Não fiquêi *ôu* mê demorêi lá úma semâna.
Je suis déménagé.	Mudêi dê cása.
Je suis plus fort que lui.	Sôu máis fórte quê êlle.
Je vous prie de lui en parler.	Rógo-vos lhê fallêis *ôu* rogó-lhe lhê fálle n'ísso.
Je ne sais qui vous êtes.	Não sêi quêm sôis, *ôu* quêm Vm. é.
Je l'ai trouvé chez lui.	Achêi-o êm cása.
Je ne me plains de rien.	Dê náda mê quêixo.
Je vous servirai en toute occasion.	Servír-vos-hêi *ôu* servíl-ô-hêi êm tôda, *ôu* êm qualquér occasião.
Je l'ai renvoyé.	Despedí-o *ôu* mandêi-o embóra.
J'irai où vous voudrez.	Irêi onde quizérdes *ôu* quizér.
Je le ferai, si j'ai le temps.	Fál-ô-hêi se tivér tempo.
Je serai quinze jours en route.	Gastarêi quínze días nâ jornáda.
J'ai envie de vomir.	Tênho vontáde dê vomitár.
J'ai le frisson.	Tênho calefrío.

Je voudrais une chambre à coucher.	Êu quizéra úm quárto dê dormír *ôu* úma alcôva.
Je ne veux pas coucher dans la rue.	Não quéro dormír nâ rúa.
Je suis enrhumé du cerveau.	Tênho úm deflúxo dê cérebro.
Je voudrais m'aller promener.	Êu quizéra ír passeiár.
Je ferai un bail de trois ans.	Farêi úm arrendamênto dê três ânnos *ôu* triénnio.
Je voudrais acheter du drap.	Êu quizéra comprár pânno.
J'ai cassé le grand ressort de ma montre.	Quebrêi â móla-réal dô mêu relójio.
J'enseigne lé latin.	Ensíno latím.
Je vous prie de remettre cette lettre à son adresse.	Rógo-vos *ôu* rógo-lhe entreguêis, *ôu* entrégue ésta cárta ônde é dirigída.
Je partirai demain pour la campagne.	Partirêi á manhã pâra ô câmpo.
Je l'ai engagé à partir.	Decidí-o â partír.
J'ai vu votre frère, il y a six jours.	Vi vósso irmão *ôu* seû irmão há seis días.
Je viens de boire.	Acábo dê bebêr.
J'irai chez vous.	Irêi á vóssa *ôu* á súa cása.
Je suis connu de votre père.	Sôu conhecído dô vósso *ôu* dê sêu páe.
J'agis comme vous m'avez ordonné.	Óbro cômo vós mê ordenástes *ôu* Vm. mê ordenôu.
Je le veux bien.	Estôu pôr ísso.
J'ai trouvé un papier parmi vos livres.	Achêi úm papél êntre ôs vóssos *ôu* sêus lívros.
Je n'ai rien à vous dire.	Nàda tênho â dizêr-vôs *ôu* dizêr-lhe.
Je voudrais lui parler pour une affaire pressante.	Êu quizéra fallár-lhe á cêrca dê negócio urgênte.
Je lui ai cédé ma place.	Cedí-lhe ô mêu lugár.
Je me plais à la campagne.	Gósto dô câmpo.
Je me suis piqué avec une épingle.	Piquêi-me côm úm alfinête.
Je n'ai point ma montre sur moi.	Não trúxe ô mêu relójio.
Je lui ai loué ma maison.	Aluguêi-lhe â mínha cása.
Je meurs d'envie de la voir.	Árdo êm desêjo dê â vêr.
Je sais qu'il aime à causer.	Sêi quê êlle gósta dê conversár.
Je suis fâché contre lui.	Estôu agastádo côntra elle.
Je m'acquitte de mon devoir.	Dezempênho ô mêu devêr.
Je prends un bouillon tous les matins.	Tómo *ôu* bêbo úm cáldo tódas ás manhãs.

J'ai appris le français.	Apprêndi ô francêz.
J'ai mal à la tête.	Dôe-me â cabêça.
Je n'ai pas le temps.	Não tênho têmpo.
Je ne puis pas m'arrêter.	Não pósso demorár-me.
Je le connais de vue.	Conhêço-o dê vísta.
J'ai à sortir.	Tênho dê *ôu* dêvo sahír.
J'ai de l'argent à toucher à la fin du mois.	Tênho dê *ôu* dêvo recebêr dinhéiro nô fím dô mêz.
Je vous donnerai son adresse.	Dár-vôs-hêi *ôu* dár-lhê-hêi ó sêu enderêço.
Je m'en rapporte à ce que vous dites.	Refíro-me âo quê dizêis *ôu* díz.
Je n'en suis pas la dupe.	Não sôu tôlo.
Je n'y entends point finesse.	Não entêndo *ôu* intendo ísso.
Je n'ai que faire de vous.	Não mê servís *ôu* não mê sérve pâra náda.
Je n'ai rien à vous donner.	Náda tênho quê dár-vos *ôu* dár-lhe.
Je sais bien à quoi m'en tenir.	Bêm sêi ô quê dêvo fazêr *ôu* mê compéte.
Je ne puis m'en empêcher.	Não pósso isentar-me d'isso.
J'allais le féliciter sur son mariage.	Fúi comprimentál-o á cêrca dô sêu casamênto.
Je le tournais en ridicule.	Ridiculizêi-o.
J'y vois mille difficultés insurmontables.	Vêjo n'ísso mil insuperáveis difficuldádes.
Je ne puis lui refuser mon amitié.	Não pósso recusár-lhe minha amizáde.
Je vous tiendrai compte de ce que vous ferez pour lui.	Sêrvos-hêi devedôr dô quê pôr êlle fizerdes *ôu* fizér.
J'ai fait un grand sacrifice.	Fiz úm grânde sacrifício.
Je n'en reviens pas.	Aínda estôu maravilhádo.
J'ai pris mon parti.	Tomêi ô mêu partído *ôu* resolução.
Je n'ai rien à me reprocher.	Náda tênho â exprobrár-me.
Je sais que vous avez le goût délicat.	Sêi que têndes *ôu* têm gósto delicádo.
Je connais mon monde.	Conhêço âs pessôas côm quêm tráto.
J'ai une visite à faire.	Tênho quê ír fazêr úma visíta.
Je ne veux pas m'en mêler.	Não quéro entremettêr-me n'ísso.
Je ne vous dirai que deux mots.	Só vôs dirêi *ôu* lhê dirêi dúas palavras.
Je le défends.	Êu ô prohíbo.
Je soutiens que non.	Affírmo quê não.
Je ne donne pas là dedans.	Não cáio n'éssa.

Laissons ces compliments.	Deixêmos èsses comprimêntos.
Laissez cela.	Deixái *ôu* dêixe ísso.
La porte est fermée.	Â pórta está fecháda.
La porte est ouverte.	Â pórta está abérta.
L'entendez-vous bien?	Entendêis-lo *ôu* entênde-o-bêm?
L'avez-vous entendue?	Entendêste-a *ôu* entendêo-a?
Les avez-vous entendues?	Entendêste-âs *ôu* entendêo-as?
L'a-t-il su?	Sôube-o.
Le connaissez-vous?	Conhecêis-lo *ôu* conhêce-o?
La connaissez-vous?	Conhecêis-la *ôu* conhêce-a?
Les connaissez-vous?	Conhecêis-los *ôu* conhêce-ôs?
Les connaissez-vous.	Conhecêis-las *ôu* conhêce-as?
Lacez-moi.	Atacái-me *ôu* atáque-me.
Lisez un chapitre.	Lêde *ôu* lêia úm capítulo.
Le fruit ne vous vaut rien.	Â frúcta não vôs *ôu* lhe serve.
La voici.	Êil-a-aquí *ôu* êil-a.
Les voilà.	Eil-âs-aquí *ôu* êil-âs.
Les arbres sont en fleurs.	Âs árvores estão floridas.
Le blé est mûr.	Ô trígo está fêito *ôu* madúro.
Levez-vous promptement.	Levantái-vôs *ôu* levânte-se promptamênte.
Le soleil se couche.	Pôe-se ô sól.
Le soleil luit-il?	Fáz sól?
La neige se fond.	Â néve sê derréte.
Le tonnerre gronde.	Ô trovão rônca.
Le vent est changé.	Ô vênto mudôu.
L'orage est passé.	Â tempestáde passôu.
Le soleil commence à le dissiper.	Ô sól comêça â dissipál-a.
L'orloge sonne.	Ô relójio dá hóras.
L'entendez-vous sonner?	Ouvís-lo *ôu* ôuve-o dár hóras?
L'aiguille est rompue.	Â agúlha quebrôu-se.
Le voici.	Aquí está *ôu* êil-o.
Le printemps est la plus agréable de toutes les saisons.	Â primavéra é â máis agradável dê tôdas âs estações.
Le temps est doux.	Ô têmpo está suáve.
L'air est tempéré.	Ô ár está temperádo.
Les saisons sont renversées.	Âs estações estão mudádas.
La moisson sera fort abondante.	Â colhêita será múito abundânte.
La moisson approche.	Â cêifa está chegáda.
L'été est passé.	Passôu ô verão.

L'hiver ne me plaît pas.	Ô invérno não mê agráda.
Les jours sont fort courts.	Ôs días são múito cúrtos *ôu* pequênos.
Les jours commencent à croître.	Ôs días começão â crescêr.
Le printemps me plaît.	Agráda-me â primavéra.
Lisez votre leçon.	Lêde â vóssa *ôu* â súa lição.
Lequel préférez-vous?	Quál preferís *ôu* prefére?
Le déjeûner est-il prêt?.	Está prômpto ô almôço?
Le dîner est-il prêt?	Está prômpto ô jantár?
La nuit approche.	Â nôite approxíma-se.
Le soleil est déjà couché.	Ô sól já sê pôz.
La rivière est prise.	Ô río está geládo.
Le pavé est glissant.	Â calçáda escorréga.
La foudre est tombée.	Cahío *ôu* cahíu ráio.
La blanchisseuse a apporté le linge.	Â lavadêira trôuxe â rôupa.
La route est-elle sûre?	Â estráda é segúra?
Le chemin est plein d'ornières.	Ô camínho está chéio dê carrís.
La grand'route est pavée,	Â calçáda-real é empedráda.
Le chemin est effrayant.	Ô camínho é horrível.
La voiture a versé.	Â carruágem *ôu* carruájem tombôu.
Le fermier est un brave homme.	Ô casêiro é hómem honrádo.
La maison est meublée.	Â cása é mobiláda *ôu* trastejáda.
Le dîner est servi.	Ô jantár está nâ mêsa.
L'aimant attire à soi le fer.	Ô ímau attráhe â sí ô férro.
L'armée fut entièrement défaite.	Ô exército fôi inteiramênte derrotádo.
La rivière coule tout doucement.	Ô río córre vagarosamênte.
La terre tourne.	Â térra gyra *ôu* gíra.
Le temps est à la pluie.	Ô têmpo ameáça chúva.
Le cocher tient ferme sur son siége.	Ô cochêiro conservôu-se fírme nâ almofáda.
La barque enfonça dans l'eau.	Â bárca afundôu-se.
Là, c'en est assez.	Básta.
Le voilà dans de beaux draps.	Está frêsco *ôu* êm bôns lençóes.
Les apparences sont contre vous.	Âs apparências são-vos *ôu* são-lhe contrárias.
Les choses sont sur ce pied-là.	Âs côusas estão n'êsse estádo.
L'heureuse nouvelle!	Quê felíz nóva!
La fenêtre est fermée.	Â janélla está fechâda.
La fenêtre est ouverte.	Â janélla está abérta.
Lentement.	Vagarosamênte.
Lisez devant moi.	Lêde *ôu* lêia diânte dê mím.

L'eau est fort tranquille.	Â água *ôu* ágoa está múi socegáda.
Les rosiers commencent à boutonner.	Âs roséiras comēção â rebentár.
Les épis sont fort longs.	Âs espígas são múi comprídas.
L'herbe est humide et mouillée	Â hérva está húmida ê molháda.
Les matinées sont froides.	Âs manhãs são frías.
L'hiver vient.	Chêga ô invêrno.
Les soirées sont longues.	Ôs serões são lôngos.
L'encre ne coule pas.	Â tínta coálha.
Liez vos lettres.	Ligái âs vóssas *ôu* lígue âs súas lêtras.
Le monde a bien changé.	Ô múndo mudôu muito.
Le ferai-je avertir de cette affaire?	Avisál-ô-hêi ácêrca d'êste negócio?
Laissez-moi faire.	Dêixe ísso pôr mínha cônta.
Les choses ont changé de face.	Âs côusas mudárão dê aspécto.
Les mains lui démangent.	Têm cócegas nâs mãos.
La chose est comme faite.	Â côusa está cômo concluída.
Le moyen de ne pas le faire?	Ê porquê não sê faría?
La fortune se joue des hommes.	Â fortúna zômba dôs hómens.
Les exemples sont contagieux.	Ôs exêmplos são contagíósos.
Le commerce ne va pas.	Ô commércio cessôu.
Monsieur, faites-moi ce plaisir.	Senhôr, fazêi-me ésta gráça.
Mon cher enfant.	Meu quérido menino.
Ma chère enfant.	Minha querída menína.
Mon bel ange.	Mêu líndo anjo.
Mangez quelque chose.	Comêi *ôu* côma algúma côusa.
*Madame P*** ne me l'a pas dit.*	Â senhôra P*** não m'ô dísse.
M'entendez-vous?	Ouvís-me *ôu* ôuve-me?
M'entendez-vous bien?	Entendêis-me *ôu* entênde-me bêm?
*Monsieur F*** l'entend-il?*	Ô senhôr F*** entênde-o?
M'avez-vous entendu?	Entendéste-me *ôu* entendêu me?
Me connaissez-vous?	Conhecêis-me *ôu* conhêce-me?
M'avez-vous oublié?	Esquecêste-vos *ôu* esquecêu-se dê mím?
*Monsieur A*** ne me connaît pas.*	Ô senhôr A*** não mê conhêce.
*Madame M*** me connaît.*	A senhôra M*** conhêce-me.
Mon père est mort.	Mêu páe é mórto *ôu* morrêo.
Ma mère est morte.	Mínha mãe é mórta *ôu* morrêo.
Ma mère est remariée.	Mínha mãe tornôu â casár.
Mouchez-vous.	Assoái-vos *ôu* assôe-se.
Montrez-moi votre ouvrage	Móstrai-me â vóssa *ôu* móstre-me â súa óbra.

Mettez-vous à table.	Pònde-vòs *ôu* pônha-se á mêsa.
Mettez votre serviette devant vous.	Pònde o guardanápo *ôu* pònha-o diânte dê vós *ôu* dê Vm.
Mangez de la soupe, du potage.	Comêi *ôu* còma sôpa.
Mangez-en.	Comêi-a *ôu* côma-a.
Mangez du lait.	Comêi, bèbei *ôu* còma, bèba leïte.
Mettez-lui son tablier.	Pònde-lhê *ôu* pônha-lhê ô sêu aventál.
Montez votre montre.	Dái córda ão vósso *ôu* dê córda ão sêu relójio.
Monsieur, il ne veut pas me laisser en repos.	Senhòr, êlle não quér deixár-me êm socêgo.
Ma soif est étanchée.	Apaguêi , matêi â sêde.
Ma mère existe.	Mínha mãe vive *ôu* exíste.
Mettez les assiettes sur la table.	Pònde *ôu* pônha prátos nâ mêsa.
Mettez votre habit.	Vestí *ôu* vísta â casáca.
Me remettez-vous?	Conhecêis-me *ôu* conhêce-me?
Montez un peu plus haut.	Subí *ôu* súba máis.
Ma femme est-elle de retour?	Mínha mulhér já voltôu?
Mettez le couvert.	Pònde *ôu* pònha á mêsa.
Mêlez-vous de vos affaires.	Mettêi-vos côm ôs vóssos *ôu* mètta-se côm os sêus negócios.
Mettez cela devant le feu.	Pònde *ôu* pònha ísso diânte dò lúme.
Ménagez un peu mieux vos termes.	Moderái *ôu* modére máis súas palavras.
Mangez quelque chose.	Comêi *ôu* còma algúma còusa.
*Monsieur D*** nous l'a commandé.*	Ô senhòr D*** nôl-o mandôu *ôu* ordenôu.
M'en dût-il coûter la vie.	Âinda quê ísso mê custásse â vída.
Ne vous moquez vous pas?	Não zombáis *ôu* zômba?
N'allez pas si vite.	Não vádes *ôu* não vá tão depréssa.
Ne me touchez pas.	Não mè toquêis *ôu* tóque.
Ne leur dites pas cela.	Não lhê digáis *ôu* lhê diga ísto.
Ne dites mot.	Não digáes *ôu* diga palávra.
Ne leur dites pas.	Não lhês digáis *ôu* lhês díga.
Non, je ne l'ai pas dit.	Não ô dísse.
Ne l'avez-vous pas dit?	Não ô disséstes *ôu* ô dísse?
Ne l'ont-ils pas dit?	Não ô disserão.
Ne faites pas de bruit.	Não façáes *ôu* não fáça búlha.
Ne m'entendez-vous pas.	Não mê entendêis ôu entênde.

Ne l'entendez-vous pas?	Não ô entendêis *ôu* entênde?
Ne les entendez-vous pas?	Não ôs entendêis *ôu* entênde?
Ne le savait-il pas?	Não ô sabía élle.
Nous ne nous connaissons pas.	Não nós conhecêmos.
Ne le connaissez-vous pas?	Não ô conhecêis *ôu* conhéce?
Ne la connaissez-vous pas?	Não â conhecêis *ôu* conhéce?
Nous sommes tous mortels.	Sômos tôdos mortáes.
Non, je ne fais que sommeiller.	Não, êu não fáço senão pestanejár.
N'êtes-vous pas encore éveillé?	Aínda não acordástes *ôu* acordôu?
Nettoyez vos dents.	Alimpái *ôu* alímpe ôs dêntes.
Nettoyez les peignes?	Alimpái *ôu* alimpe ôs pentes.
N'avez-vous point de mémoire?	Nã têndes *ôu* têm memória?
Ne mangez point tant de fruits.	Não comáis *ôu* côma tânta frúcta.
Nous irons en Italie.	Irêmos â *ôu* â Itália.
Nous ne voulons que traverser la rivière.	Só querêmos atravassár o rio.
Nous sommes fort près du rivage, du bord.	Estâmos múito pérto dâ práia *ôu* márgem.
N'allez pas si vite.	Não vades *ôu* não vá tão depressa.
Ne savez-vous pas quelle heure il est?	Não sabêis *ôu* sábe que horas são?
Nous n'avons point de printemps cette année.	Não têmos primavéra êste ânno.
Nous avons un été bien chaud.	Têmos úm verão bêm quênte *ôu* cálido.
Nous aurons beaucoup de foin.	Terêmos múito fêno.
Nous avons besoin d'un peu de pluie.	Precisâmos d'algúma chúva.
Nous sommes à la canicule.	Estâmos nâ canícula.
Nous arriverons assez tôt, assez à temps.	Chégarêmos cédo, aínda â têmpo.
Ne déchirez pas mon livre.	Não mê rasguêis ô lívro.
Ne m'empêchez pas d'apprendre ma leçon.	Não mê embaracêis *ôu* embaráce apprendêr mínha lição.
Ne bougez pas de là.	Não vôs arredêis *ôu* sê arrêde â' ahí.
Ne faites pas de bruit.	Não façáis *ôu* fâça bulha.
Nous sommes d'anciennes connaissances.	Sômos amigos vélhos.
Nous aurons de l'orage.	Terêmos tempestáde.
Ne lui en donnez guère.	Dê-lhe múi pôuco *ôu* pouquíssimo.
Nous irons faire un tour.	Irêmos dár úm gyro *ôu* passeio.
Nous voilà arrivés.	Chêgámos.

Ne prenez pas le chemin par où je suis venu.	Não tomêis *ôu* tóme ô camínho pôr ônde vím.
Nous sommes ici à l'abri de tous les dangers.	Estâmos aquí â sálvo dê tôdos ôs perígos.
Nous sommes perdus.	Estâmos perdídos.
Nettoyez mes souliers.	Alimpái-me *ôu* alímpe-me ôs sapátos.
Nous y voici enfin.	Êis-nos aquí finalmênte.
Nous sommes près du bord.	Estâmos pérto dâ márgem.
Nous eûmes bien de la peine à nous sauver.	Custôu-nos muíto â salvár-nos.
Nous nous croyions tous morts.	Julgávamo-nos tôdos mórtos.
N'y touchez pas.	Não toquêis *ôu* tóque n'ísso.
Ne vous déconcertez pas.	Não vôs pertubêis *ôu* sê pertúrbe.
N'en parlez plus.	Não fallêis *ôu* fálle máis n'ísso.
Nous étions comme perdus.	Estáva-mô̂s *ôu* viámo-nos cômo perdídos.
Nous n'en serons pas moins bons amis pour cela.	Nêm pôr ísso deixarêmos dê sêr bôns amigos.
Nous avions toutes choses en abondance.	Túdo tínhamos êm abundância.
Ne manquez pas de le faire.	Não dêixe dê ô fazêr.
Ne vous emportez pas.	Não vôs enfadêis *ôu* enfureçaís, *ôu* sê enfáde *ôu* enfurêça.
Nous ne sommes qu'à mi-chemin.	Sô estâmos êm mêio-camínho.
Oui, je vous jure.	Sim, êu vôl-o *ôu* lh'o júro.
Otez-vous de devant moi.	Tirai-vos diânte dê mím *ôu* dâ mínha presênça, *ôu* tíre-se diânte dê mím *ôu* dâ mínha presênça.
Ouvrez la fenêtre.	Abrí *ôu* ábra â janélla.
On me l'a dit.	Dissérão-m'o *ôu* disse-sê-me.
On le dit.	Dissérão-ô *ôu* diz-se.
On ne saurait s'entendre parler.	Não podêmos ouvír-nos
Oui, Monsieur ou *Madame.*	Sím, senhôr *ôu* senhôra.
Où sont votre couteau, votre fourchette et votre cuiller?	Ônde está â vóssa *ôu* â súa fáca, gárfo ê colhér.
Où est votre grammaire?	Ônde está â vóssa *ôu* â súa grammática?
Où sont ses bas, ses souliers, sa chemise et sa jupe?	Ônde estão súas mêias, sapátos, camisa ê sáia?
Où irons-nous?	Ônde irêmos?
Où est le bateau?	Ônde está ô bárco?

Où sont les bateliers?	Ônde estão ôs barquêiros?
Où voulez-vous débarquer?	Onde querêis *ôu* quér desembarcár?
On a fauché les prés.	Cegárão ôs prádos.
Où allez-vous si vite?	Ônde ídes *ôu* vái tão depréssa.
Où est votre livre?	Ônde está ô vósso *ôu* ô séu lívro?
Où commençons-nous?	Ônde começâmos?
On peut vous croire?	Podêmos dâr-vos *ôu* dár-lhe crédito.
Otez votre habit.	Déspi *ôu* dispa â casáca.
On le demande.	Pergúntão-o.
Otez cela.	Tirái *ôu* tíre ísso.
Otez-vous de là.	Tirái-vos *ôu* tire-se d'ahí.
Otez ces paquets.	Tirái *ôu* tíre êsses embrúlhos *ôu* trôuxas.
Où donnent ces sonnettes?	Ônde sê reférem *ôu* correspôndem êssas campaínhas?
On vous a tiré d'une mauvaise affaire.	Tirárão-vos *ôu* tirárão-o d'úm péssimo negocio.
On trouve rarement des jeunes gens sages.	Achão-se raramênte mancêbos cordátos *ôu* sisúdos.
On ne peut pas plaire à tout le monde.	Não sê póde *ôu* podêmos agradár â tòdos.
On use bien du bois dans cette maison-là.	Gásta-se múita lênha n'êssa cása.
On l'a traité de téméraire.	Chamárão-lhê *ôu* tratárão-o dê temerário.
Où aboutit ce chemin?	Ônde vái dár êste camínho *ôu* estráda?
On frappe à la porte; voyez qui c'est.	Bátem á pórta, vêde *ôu* vêja quêm é.
On demande à vous voir.	Quérem vêr-vôs *ôu* vêl-o.
On ne vous passera rien.	Náda vôs será *ôu* lhê será perdoádo.
On va servir le dîner.	Ô jantár vêm já pàra â mêsa.
Où finissons-nous?	Ônde acabâmos?
Otez-vous de ma place.	Tirái-vôs *ôu* tíre-se dô mêu lugár.
On ne peut avoir cela que difficilement.	Ísso só sê póde têr *ôu* alcançar difficilmênte.
Passez devant.	Passái *ôu* pásse adiânte.
Pour vous dire la vérité.	Pâra vôs dizêr *ôu* dizêr-lhê â verdáde.
Parlez-vous sérieusement?	Falláis *ôu* fálla sinceramênte?
Peut-on vous croire?	Podêmos crêr-vôs *ôu* crêl-o?
Passez par ici.	Passái *ôu* pásse pôr aquí.

Passez par là.	Passái *ôu* pásse pôr lá.
Parlez haut.	Falláì *ôu* fálle álto.
Parlez-vous à moi?	Falláis-me *ôu* fálla-me?
Parlez-lui.	Fallái-lhe *ôu* fáll-lhe.
Parlez-vous français?	Falláis *ôu* fálla francêz?
Peut-on vous demander?	Póde-sê-vos *ôu* póde-sê-lhe perguntár?
Pas, que je le sache.	Não quê êu ô sáiba.
Prenez cette chemise blanche.	Tomái *ôu* tóme ésta camísa brânca *ôu* laváda.
Peignez-moi.	Penteái-me *ôu* pentêie-me.
Pas encore.	Aínda não.
Prenez garde.	Tomái *ôu* tóme sentído.
Prenez votre ouvrage.	Tomái *ôu* tóme â vóssa *ôu* â súa óbra.
Priez Dieu.	Encommendái-vos *ôu* encommênde-se â Dêos.
Pourquoi ne l'habillez-vous pas?	Porquê â não vestís *ôu* véste?
Par où irons-nous?	Pôr ônde irêmos?
Par ici ou par là?	Pôr aquí *ôu* pôr lá?
Pendez votre chapeau.	Pendurái ô vósso *ôu* pendúre ô sêu chapéo.
Pourquoi venez-vous si tard?	Porquê víndes *ôu* vêm tão tárde?
Pourquoi vous êtes-vous levé si tard?	Porquê vôs levantástes *ôu* sê levantôu tão tárde?
Pourquoi me poussez-vous?	Pôrquê mê empurráis *ôu* mê empúrra?
Pourquoi me frappez-vous?	Porquê mê dáis *ôu* dá?
Prenez ce garçon et fouettez-le d'importance.	Tomái *ôu* tóme êste rapáz ê açoitái-o *ôu* açôite-o múito bêm.
Parlez à voix basse.	Fallái *ôu* fálle êm *ôu* côm vóz báixa.
Parlez-moi plus franchement.	Fallái-mê *ôu* fálle-mê máis francamênte.
Peu s'en faut.	Pôuco fálta.
Prêtez-moi quelques livres?	Emprestái-me *ôu* empréste-me algúns lívros.
Passez devant.	Andái *ôu* ânde diánte.
Prenez garde aux voitures.	Cautéla côm ás carruágens.
Prenez garde de vous couper.	Tomái *ôu* tóme sentído não vôs cortêis *ôu* córte.
Prenez garde de vous crotter.	Acautelái-vos *ôu* acautéle-se dà lâma.
Pansez mon cheval.	Dái *ôu* dê pênso âo mêu cavállo.

Puisque vous ne sortez pas, je ne sortirai pas non plus.	Já quê vós não sahís *ôu* Vm. não sáhe, tãobêm eù não sahirêi.
Parlez, parlez.	Fallái, fallái *ôu* fálle, fálle.
Portez votre livre avec vous.	Levái *ôu* léve ô vósso *ôu* ô sêu livro côm vôsco *ôu* côm Vm.
Posez le bras gauche sur la table.	Encostai *ôu* encóste ô bráço esquêrdo sôbre *ôu* nâ mêsa.
Prenez garde à vous.	Acautelái-vos *ôu* acautéle-sê.
Peut-être que ma présence vous sera un obstacle.	Talvêz quê â mínha precênça vôs sírva *ôu* lhê sírva dê obstáculo.
Parlez sans réserve, dites tout ce que vous en savez.	Fallái *ôu* fálle sêm refôlho; dizêi *ôu* díga ô quê sabêis *ôu* sábe â êsse respêito.
Par bonheur, par malheur, par hasard.	Pôr ventúra, pôr desdíta, por acáso.
Parlez donc, dites donc ce que c'est.	Fallái *ôu* fálle pôis; dizêi *ôu* díga pôis ô quê é.
Pendant que cela se passait.	Èm quânto isso passáva *ôu* acontecía.
Que souhaitez-vous?	Quê desejáis *ôu* deséja?
Qui en doute?	Quêm ô duvída?
Que je meure si je vous mens.	Môrra êu sê vôs *ôu* lhê mínto.
Que faut-il faire?	Quê sê déve fazêr?
Qu'y a-t-il à faire?	Quê há â fazêr?
Que ferons-nous?	Quê farêmos.
Que me conseillez-vous de faire?	Que mê aconselháis *ôu* aconsélha quê fâça?
Quel remède y a-t-il à cela?	Quê remédio há n'isso?
Que voulez-vous manger?	Quê quêreis *ôu* quér comêr?
Que cherchez-vous?	Quê buscáis *ôu* búsca?
Qu'avez-vous perdu?	Quê perdêstes *ôu* perdêo?
Que dites-vous?	Quê dizêis *ôu* díz?
Qu'avez-vous dit?	Quê têndes díto *ôu* qué dísse?
Quand l'avez-vous ouï dire?	Quâdo ô ouvíste *ôu* ouvío dizêr?
Qui vous l'a dit?	Quêm vôl-o *ôu* lh'ô dísse?
Que dit-il?	Quê díz êlle?
Que dit-elle?	Quê díz élla?
Que vous a-t-il dit?	Quê vôs dísse êlle?
Que vous a-t-elle dit?	Quê vôs dísse élla?

Que faites-vous ?	Quê fazêis *ôu* fáz ?
Qu'avez-vous fait ?	Quê têndes fêito *ôu* fêz ?
Que fait-il ?	Quê fáz elle ?
Que fait-elle ?	Qúê fáz élla ?
Qu'est-ce qui vous manque ?	Quê vôs *ôu* lhê fálta ?
Que demandez-vous ?	Quê procuráis, pedis, desejáis *ôu* procúra, péde, deséja ?
Que ne répondez-vous ?	Porquê não respondêis *ôu* respônde ?
Quel tintamarre faites-vous là ?	Quê estrôndo, quê gritaría fazêis *ôu* fáz lá ?
Qu'est-ce que c'est ?	Quê é isso ?
Qu'est-ce qu'il a dit ?	Quê dísse êlle ?
Que dit-on ?	Quê dízem *ôu* sê díz ?
Que veut dire cela ?	Quê quér dizêr ísto *ôu* ísso ?
Que voulez-vous dire ?	Quê querêis *ôu* quér dizêr ?
Que vous semble ?	Quê vôs *ôu* lhê parêce ?
Qu'y a-t-il à faire ?	Quê há pâra *ôu* â fazêr.
Que souhaitez-vous ?	Quê desejáis *ôu* deséja ?
Que vous plaît-il ?	Quê vôs *ôu* lhê agráda ?
Que ne répondez-vous ?	Porquê não respondêis *ôu* respônde ?
Quel âge avez-vous ?	Quê idáde têndes *ôu* têm ?
Quel âge a votre frère ?	Quê idáde têm vósso *ôu* sêu irmão ?
Que ne vous dépêchez-vous ?	Porquê não vôs aviáis *ôu* sê avía ?
Que ne m'aidez-vous ?	Porquê mê não ajudáis *ôu* ajúda ?
Que murmurez-vous là ?	Que murmuráis *ôu* murmúra ?
Que voulez-vous pour votre déjeûner ?	Quê querêis *ôu* quér para ô vósso *ôu* sêu almôço ?
Quel dialogue avez-vous lu ?	Quê diálogo lêstes *ôu* lêo ?
Que voulez-vous pour votre goûter, pour votre souper ?	Quê querêis *ôu* quér pâra â vóssa *ôu* súa merênda, pâra â vóssa *ôu* súa cêia ?
Quel temps fait-il ?	Cômo está ô têmpo ?
Qelle heure est-il ?	Quê hóras são.
Quelle saison vous plaît davantage ?	Quê estação vôs *ôu* lhê agáda máis ?
Qui vient là au devant de nous ?	Quêm vêm lá adiânte dê nós ?
Qui est-ce qui vous pousse ?	Quêm vôs *ôu* ô empúrra ?
Que voulez-vous manger ?	Quê querêis *ôu* quer comêr ?
Qu'avez-vous perdu ?	Quê perdêstes *ôu* perdêo ?
Que faites-vous ?	Quê fazêis *ôu* fáz ?
Quel âge lui donniez-vous ?	Quê idáde julgáis *ôu* júlga quê êlle têm ?

Qu'est-ce qui vous presse tant?	Quém *ôu* ô quê vôs *ôu* ô apréssa tânto?
Qui est-ce qui frappe?	Quêm báte?
Qui est-ce qui me demande?	Quêm pergúnta pôr mím?
Qui ne dit mot consent.	Qêm cála, consênte?
Quel jour sommes-nous du mois aujourd'hui, ou *quel quantième avons-nous?*	Â quântos estâmos hôje dô mêz?
Que dit-on de nouveau?	Quê dizêm *ôu* há dê nôvo?
Qui que ce soit qui me demande, dites que je n'y suis pas.	Sêja â quêm fôr quê pergûnte pôr mím, dizêi-lhê *ôu* díga-lhê quê não estôu êm cása.
Que lui en reviendra-t-il?	Quê lucrará côm ísso?
Qu'est-ce que cela coûte?	Quânto cústa ísso?
Que pouvez-vous nous donner pour dîner?	Qué pódêis *ôu* póde dár-nôs pàra jantár?
Quel est le prix de cette épingle?	Dê quê prêço é êste alfinête?
Quel est le titre de ce livre?	Quê título têm êste lívro?
Qui a fait cela?	Quêm fêz ísto?
Quand vous aurez étudié, vous vous amuserez.	Quândo tivérdes *ôu* tivér estudádo, brincarêis *ôu* brincará.
Qu'il s'en aille au plus vite.	Quê êlle sê vá embóra quanto ântes.
Qu'écrivez-vous?	Quê escrevêis *ôu* escréve?
Qui l'a dit?	Quêm ô dísse?
Quelle affaire vous a arrêté?	Quê negócio vós *ôu* ô demorôu?
Qu'avez-vous à l'œil?	Quê têndes *ôu* têm nô ôlho?
Qu'y gagnerai-je?	Quê ganharêi n'ísso?
Quel parti ou quelles mesures devrais-je prendre?	Quê partído *ôu* medídas devería êu tomár?
Qu'est-ce que cela me fait.	Quê mê impórta *ôu* mê fáz ísso?
Qu'on le traite comme il l'a mérité.	Trátem-o cômo êlle merecêo.
Que veut dire ceci?	Quê quér dizêr *ôu* significa ísto?
Quelque bien que je fasse.	Pôr melhór quê êu fáça.
Qu'on le chasse.	Expúlsem-o.
Retirez-vous.	Retirái-vôs *ôu* retíre-se.
Retournez chez vous.	Voltái *ôu* vólte pàra cása.
Refaites tout cela.	Refazêi *ôu* tornái â fazêr *ôu* refáça *ôu* tórne â fazêr túdo ísto.
Restez là.	Ficái *ôu* físque ahí *ôu* lá.

Répondez-moi, dites-moi oui ou non.	Respondêi-me *ôu* respônda-me, dizêi-me *ôu* díga-me sím *ôu* não.
Reposons-nous un peu.	Descancêmos ûm pôuco.
Retournons-nous au logis?	Tornâmos *ôu* voltâmos pâra cása?
Regardez à votre montre.	Olhái *ôu* olhe ô vósso *ôu* ô sêu relójio.
Rien n'est avancé.	Náda têm ído para diânte *ôu* sê têm adiantádo
Restez tranquille.	Estái *ôu* estêja quiéto.
Raccommodez votre habit.	Concertái *ôu* concérte ô vósso *ôu* sêu vestído.
Reculez-vous.	Recuái *ôu* recúe.
Remettez ce livre à sa place.	Tornái *ôu* tórne â pôr êste lívro nô sêu lugár.
Revenez demain.	Voltái *ôu* vólte á manhã.
Répondez-moi.	Respondêi-mê *ôu* respônda-mê.
Revenez bientôt.	Voltái *ôu* vólte lógo.
Restez à votre place.	Ficái *ôu* fíque nô vósso *ôu* sêu lugár.
Réservez cela pour une autre fois.	Reservái *ôu* resérve ísso pâra óutra vêz.
S'il vous plaît.	Sê querêis *ôu* quér.
Sans compliment.	Sêm comprimênto.
Sans cérémonie.	Sêm ceremónia.
Sur ma vie.	Pêla mínha vída.
Savez-vous accorder votre guitare?	Sabêis *ôu* sábe temperár â vossa *ôu* súa vióla?
Savez-vous votre leçon par cœur?	Sabêis *ôu* sábe â vóssa *ôu* â súa lição dê cór?
Sept heures viennent de sonner.	São séte hóras dádas.
Songez à ce que vous faites.	Cuidái *ôu* cúide nô quê fazêis *ôu* fáz.
Soyez donc plus sage.	Sêde *ôu* sêja pôis máis cordáto.
Si j'étais à votre place, je le ferais.	Sê êu estivésse nô vósso *ôu* sêu lugár, fál-ô-hía.
Sortez.	Sahí *ôu* sáia.
Saisissez ce fripon.	Agarrái *ôu* agárre êsse velháco.
Sortez d'ici.	Sahí *ôu* sáia d'aquí.
Soufflez le feu.	Assoprái *ôu* assópre ô lúme.
Sortons de table.	Ergâmo-nôs dâ mêsa.
Sortez mon cheval.	Conduzí *ôu* condúza fóra ô mêu cavállo.
Si j'étais sûr qu'il n'arrivât pas aujourd'hui, etc.	Sê êu tivésse â certéza d'élle não chegár hôje, etc.

Si elle est laide, au moins elle est gracieuse.	Sê élla é fêia, ão mênos é graciósa.
Sont-ce là vos enfants ?	São êsses ôs vóssos *ôu* sêus filhos ?
Son portrait est flatté.	Sêu retráto é embonitádo.
Son affection me touche.	Súa afflicção mê commóve.
S'il ne tient qu'à cela, etc.	Sê n'isso está só ô ponto, etc.
Suivez mon conseil.	Seguí *ôu* síga ô mêu consêlho.
S'il arrivait quelque malheur.	Sê acontecêsse algúma desgráça.
Si vous vous conduisez bien.	Sê vôs comportárdes *ôu* sê comportâr bêm.
Si les affaires réussissent selon nos désirs.	Sê ôs negócios tivérem bôm éxito segúndo desejâmos.
S'il donne quelque chose, il s'en repent après.	Sê dá algúma côusa, arrepênde-se depôis.
Tenez, voilà une aile de poulet.	Aquí têndes *ôu* aquí têm úma áza dê frângo.
Tenez-vous droite.	Estai *ôu* estêja dirêita.
Tous les arbres ont bien donné, rapporté.	Tôdas âs árvores estão bêm carregádas.
Taisez-vous.	Caláí-vos *ôu* cále-se.
Tout le monde le dit.	Tôda â gênte ô díz.
Tenez la main.	Estendêi *ôu* estênda â mão.
Toute la ville se souleva.	Tôda â cidáde sublevôu-sê.
Taillez ces plumes.	Aparái *ôu* apáre éssas pênnas.
Tenez-vous mieux.	Endireitái-vôs *ôu* endirêite-sê.
Tout le monde l'aime.	Tôdos ô âmão.
Tournez la tête.	Voltái *ôu* vólte â cabêça.
Tenez bien votre plume.	Pegâi *ôu* pégue bêm nâ pênna.
Tout homme est sujet à se tromper.	Cáda úm póde enganár-se.
Tant soit peu.	Pôr pôuco quê sêja.
Tout s'accorde parfaitement bien.	Túdo sê ajústa optimamênte.
Toute la famille vous salue.	Tôda â família vôs *ôu* ô saúda.
Un temps inconstant et variable.	Úm têmpo inconstânte é variável.
Une heure vient de sonner.	Agóra dêo úma hóra.
Une heure n'est pas encore sonnée	Aínda não é úma hóra dáda.
Un de nos compagnons d'école.	Úm dê nóssos condiscípulos.
Un mal de gorge.	Úm mál *ôu* úma dôr nâ gargânta.

Votre très-humble serviteur.	Vôsso *ôu* sêu humílde criádo.
Vous êtes trop obligeant.	Vós sôis *ôu* Vm. é múi cortéz *ôu* serviçál.
Vous vous donnez trop de peine.	Vós tomais *ôu* Vm. tôma múito incommódo.
Vous n'avez qu'à commander.	Não tèndes *ôu* têm senao mandár.
Vous n'avez qu'à dire.	Não tèndes *ôu* não têm senão dizèr.
Vous me faites trop d'honneur.	Fazêis-me *ôu* fáz-mè múita hônra.
Voulez-vous donc que je commette une incivilité?	Querêis pôis quê *êu* commètta úma incívilidáde?
Vous avez raison.	Tèndes *ôu* tê[illegible]zão.
Voulez-vous manger davantage?	Querêis *ôu* qu[illegible] comêr máis?
Venez ici.	Vínde *ôu* vênha cá.
Vous allez trop vite.	Ídes *ôu* vái múito depréssa.
Venez par ici.	Vínde *ôu* vênha pòr aquí.
Vous l'a-t-il dit?	Dísse-vôl-o *ôu* dísse-lh'o êlle?
Vous l'a-t-elle dit?	Dísse-vol-o *ôu* dísse-lh'o èlla?
Vous parlez trop bas.	Falláis *ôu* fálla múito báixo.
Vous me rompez la tête.	Quebráis-me *ôu* quebrá-me â cabêça.
Vous m'étourdissez.	Atordís-me *ôu* atúrde-me.
Vous êtes incommode.	Sôis *ôu* é incómmodo *ôu* inquiéto.
Vous connaît-il?	Conhêce-vôs *ôu* conhêce-o êlle?
Vous connaît-elle?	Conhéce-vôs *ôu* conhéce-o élla?
Vous souvenez-vous de cela?	Lembrai-vos *ôu* lembra-se d'isso?
Vous êtes plus vieux que moi.	Sôis *ôu* é máis vélho *ôu* idóso quê êu.
Vous dormez trop.	Dormís *ôu* dórme múito *ôu* demasiádo.
Vous êtes bien endormi.	Estáis *ôu* está bêm adormecído.
Votre sœur est-elle levée?	Vóssa *ôu* súa irmã está levantáda?
Vous tomberez	Vós cabirêis *ôu* Vm. cabirá.
Vous vous enrhumerez.	Endefluxár-vôs-hèis *ôu* endefluxár-se-há.
Vous ne savez pas votre leçon.	Não sabêis à vóssa *ôu* não sábe à súa lição.
Voulez-vous déjeûner?	Querêis *ôu* quér almoçár.
Voulez-vous du pain et du beurre?	Querêis *ôu* quér pão côm mantêiga?
Vous faites des grimaces.	Vós fazêis *ôu* Vm. fáz carrâucas.
Voulez-vous du mouton?	Querêis *ôu* quér carnêiro?
Voulez-vous du gras ou du maigre?	Querêis *ôu* quér gôrdo oû mágro?
Voulez-vous de cela?	Querêis *ôu* quér d'isto.
Voulez-vous un os?	Querêis *ôu* quér úm ôsso?
Voulez-vous davantage?	Querêis máis?

Vous ne dansez pas bien.	Não dançáis *ôu* dânça bêm.
Votre maître est-il parti?	Ô vósso *ôu* ô sêu méstre partío *ôu* fôi-se?
Vous ne chantez pas bien.	Vós não cantáis *ôu* Vm. não cânta bêm.
Vous chantez assez bien.	Vós cantáis *ôu* Vm. cânta múito bêm.
Votre guitare est-elle accordée?	Está temperáda â vóssa *ôu* â súa vióla?
Vous ne savez rien.	Não sabêis *ôu* não sábe náda.
Vous ne prononcez pas bien.	Não pronunciáis *ôu* pronuncía bêm.
Vous ne prenez pas de peine.	Vós não querêis *ôu* Vm. não quér trabalhár.
Venez souper.	Vínde *ôu* vênha ceiár.
Vous serez malade.	Adoecerêis *ôu* adoecerá.
Voulez-vous que je l'habille pour vous?	Queréis *ôu* quér quê êu â vísta pôr vós *ôu* Vm.?
Voulez-vous faire un tour?	Querêis *ôu* quér fazêr *ôu* dar úm gyro *ôu* passêio?
Voulez-vous venir avec moi?	Querêis *ôu* quér vír comígo?
Voulez-vous aller par eau?	Querêis *ôu* quér ír pôr már?
Voulez-vous un bateau avec un rameur ou avec deux rameurs?	Querêis *ôu* quér ô bárco com úm remêiro *ôu* dôus?
Voilà un beau coup d'œil.	Êis úma bôa vísta?
Voyez quelle heure il est.	Vêde *ôu* vêja quê hóras são.
Voilà votre livre.	Aquí está *ôu* êis ô vósso *ôu* ô sêu lívro.
Vous ne faites que jouer et badiner.	Não fazêis *ôu* fáz senão jogár ê brincár.
Vous êtes un paresseux.	Sôis *ôu* é úm preguiçôso.
Vous serez fouetté.	Sôis *ôu* será açoutádo.
Vous m'accusez faussement.	Accusáis-mê *ôu* accúsa-mê falsamênte.
Vous avez deviné.	Adevinhástes *ôu* adevinhôu.
Vous avez mis le doigt dessus.	Tocástes *ôu* tocôu ô pônto.
Vous êtes bien honnête.	Sôis *ôu* é múi cortêz.
Vous n'avez qu'à parler.	Não têndes *ôu* não têm máis dô quê fallâr.
Vous ne faites que bavarder.	Não fazêis *ôu* fáz senão taramelár.
Vous ne savez pas ce qui est arrivé?	Não sabêis *ôu* não sâbe ô quê acontecêo?
Vos parents existent-ils encore?	Aínda vivêm ôs vóssos *ôu* sêus páes?
Voyez comme il neige.	Vêde *ôu* vêja cômo néva *ôu* cáhe névoa?
Vous avez mauvaise mine.	Vós têndes *ôu* Vm. têm má cára.
Vous avez les mains sales.	Têndes *ôu* têm âs mãos sújas.
Voulez-vous jouer du violon?	Querêis *ôu* quér tocár rebéca?
Vous êtes bien pressé.	Têndes *ôu* têm múita préssa.

Vous ferez comme il vous plaira.	Farêis *ôu* fará cômo quizérdes *ôu* quizér.
Vous êtes trop obligeant.	Sôis *ôu* é múito obsequiôso.
Veuillez m'enseigner le chemin.	Têndé *ôu* tênha â bondáde d'ensinár-me ô camínho.
Vous me prenez pour un autre.	Tomáis-me *ôu* tóma-me pôr ôutro.
Vous êtes insupportable.	Sôis *ôu* é insupportável.
Vous êtes un imbécile.	Sôis *ôu* é úm imbécil *ôu* estúpido.
Vous ne faites que plaisanter.	Não fazêis *ôu* fáz senão gracejár.
Vous marchez dessus.	Camínháis *ôu* camínha pôr cima.
Vous irez aussi.	Tãmbêm irêis *ôu* irá.
Votre présence n'est pas nécessaire.	Vóssa *ôu* súa presença não é nécessaria.
Voici mon adresse.	Êis ô mêu endcrêço.
Vos rasoirs ne sont pas propres.	Vóssas *ôu* súas návâlhas-dê-barbeár estão sujas.
Voulez-vous dîner avec moi?	Querêis *ôu* quér jantár comígo?
Voulez-vous déjeuner?	Querêis *ôu* quér almoçar?
Venez auprès de moi.	Vinde *ôu* vênha âo pé *ôu* júnto dê mím.
Voilà votre mouchoir.	Êis ô vósso *ôu* ô sêu lênço.
Vous m'amusez ici.	Vós mê detêndes *ôu* Vm. mê detêm aquí.
Vous ne faites que jaser toute la journée.	Não fazêis *ôu* fáz senão palrár tôdo ô día.
Voilà l'homme.	Êis ô hómem.
Vous mangez la moitié de vos mots.	Comêis *ôu* côme metáde dê vóssas *ôu* súas palávras.
Vous êtes bien endormi.	Estáis *ôu* está adormecído.
Voilà votre leçon.	Êis â vóssa *ôu* súa lição.
Voulez-vous venir avec moi?	Querêis *ôu* quér vír comígo?
Vous êtes un pauvre marcheur.	Sôis *ôu* ê úm tríste camínhânte.
Vous n'écrivez pas droit.	Não escrevêis *ôu* escréve diréito.
Vous y trouveriez mieux votre compte.	Ganharíeis *ôu* ganharía máis n'isso *ôu* com isso.
Vous ai-je jamais grondé?	Acáso já ralhêi côm vôsco *ôu* Vm.?
Vous avez mauvaise grâce de parler de la sorte.	Não vôs convêm *ôu* lhê convêm fallár assím.
Voilà qui est beau.	Isso é béllo *ôu* líndo.
Vous avez fait bien de l'ouvrage.	Vós trabalhástes *ôu* Vm. trabalhôu múito.
Vous seriez bien fâché de le faire.	Terléis *ôu* tería pezár dê ô fazêr.

Vous avez trop de complaisance pour lui.	Sôis *ôu* é múito condescendênte pâra côm êlle.
Vous avez atteint le but.	Tocástes *ôu* tocôu ô álvo.
Vous ne devez pas craindre.	Não devêis *ôu* déve temêr.
Voilà qui est fait.	Está acabádo.
Vous ne savez ce que vous voulez.	Não sabêis *óu* sábe ô quê quér.
Vous me troublez.	Perturbáis-me *ôu* pertúrba-me.
Vous vous trompez lourdement.	Enganáis-vos *ôu* engâna-se pesadamente.
Vous lui avez donné ce qu'il méritait.	Vós lhê déstes *ôu* Vm. dêu-lhê ô que merecia.
Vous devenez bien rare.	Vós tornáis-vós *ôu* Vm. tórná-se bêm ráro.

FIN DE LA PREMIÈRE PARTIE. FÍM DÁ PRIMÊIRA PÁRTE.

SECONDE PARTIE.

SEGUNDA PARTE.

DIALOGUES FAMILIERS.

DIALOGOS FAMILIARES.

DIALOGUE 1.	DIALOGO 1.
Pour souhaiter le bonjour.	**Pâra dár ôs bons días.**
Bonjour, monsieur, comment vous portez-vous?	Bôns dias, senhôr, cômo está Vm.?
Fort bien, à votre service.	Múito bòm pâra ô servír.
Vous êtes bien honnête.	Obrigadíssimo pêlo sêu obsequio.
Je suis bien aise de vous voir en bonne santé.	Alégro-mê dê ô vêr côm bôa saúde.
A vous rendre mes devoirs.	Prômpto pâra ô servír.
Je vous suis fort obligé.	Físco-lhe múito obrigádo.
Comment se porte monsieur votre père?	Cômo está ô senhôr sêu páe?
Il se porte très-bien.	Pássa optimamênte.
Et madame votre mère?	È à senhôra súa máe?
Elle est indisposée.	Ácha-sê indispósta.
Qu'a-t-elle?	Quê têm?
Elle est enrhumée.	Está endefluxáda.
J'en suis bien fâché.	Múito ô sínto.
Mademoiselle votre sœur est-elle toujours malade?	Â senhôra súá irmã índa está doénte?

Elle n'est pas encore entièrement guérie, mais elle se porte beaucoup mieux.	Élla não está dê tôdo sã; mâs vái melhór.
Je m'en réjouis.	Fólgo-múito.
Comment se porte monsieur votre frère?	Cômo está ô senhôr sêu irmão?
Il se porte bien.	Êlle pássa bêm.
J'en suis charmé. Où est-il?	Estímo múito; onde está elle?
Il est à la campagne.	Está nô campô.
Asseyez-vous.	Fáça favôr dê sentâr-se.
Donnez une chaise à monsieur.	Dá úma cadêira âo senhôr.
Il n'est pas nécessaire, il faut que j'aille faire une visite ici près.	Não é necessário; devo ír fazêr úma visita aquí perto.
Vous êtes bien pressé.	Vm. têm múita préssa.
Je reviendrai bientôt; je n'étais venu que pour savoir comment vous vous portiez.	Brevemênte voltarêi: êu só vím pâra sabêr cômo Vm. estáva.
Veuillez faire agréer mes compliments à toute votre famille.	Tênha â bondáde dê comprimentár, da mínha parte, tôda â súa família.
Je n'y manquerai pas.	Não faltarêi.
Puis-je faire quelque chose pour votre service?	Determína quê êu fáça algúma côusa pára ô servír?
Bien reconnaissant de vos offres gracieuses.	Agradêço-lhê tánta hônra.
Adieu, monsieur.	Adêos, senhôr.
Au revoir.	Athé á vísta.

DIALOGUE 2.	DIÁLOGO 2.
Pour faire une visite le matin.	**Pâra fazêr úma visíta de manhã.**
Ton maître est-il chez lui?	Têu âmo está êm cása?
Oui, monsieur.	Sím, senhôr.
Est-il levé?	Já se levantou?
Non, monsieur, il dort encore.	Não, senhôr, índa dórme.
Je vais l'éveiller et le faire lever.	Voû acordál-o, ê fazel-o erguêr.
Peut-on entrer? Comment, encore au lit!	Pósso entrár? Quê é isso! aínda nâ cáma?

Hier au soir, je me suis couché si tard que je n'ai pu me lever de bonne heure ce matin.	Hôntem á nôite deitêi-me tão tárde, quê não púde levantár-me cêdo ésta manhã.
Eh bien! qu'a-t-on fait après souper?	Então quê fizérão depôis dê cêia?
Nous avons chanté, dansé, ri et joué.	Cantámos, dançámos, rímos ê jogámos.
A quel jeu?	À quê jôgo?
Au piquet.	Âos cêntos.
Que je suis fâché de ne l'avoir pas su!	Quânto mê pêza dê ô não têr sabído?
Qui a gagné? Qui a perdu?	Quêm ganhôu? Quêm perdêo?
J'ai gagné dix louis.	Êu ganhêi mâis dê trinta mil réis.
Jusqu'à quelle heure a-t-on joué?	Athé quê hóras jogárão.
Jusqu'à deux heures après minuit.	Athé ás dúas depôis dâ mêia-nôite.
A quelle heure vous êtes-vous couché?	À quê hóras sê dêitou Vm.?
A trois heures et demie.	Às três-ê-mêia.
Je ne m'étonne pas si vous vous levez si tard.	Não mê admíro quê Vm. sê érga tão tárde.
Quelle heure est-il?	Quê hóras são?
Quelle heure croyez-vous qu'il est?	Quê hóras lhê parêce quê são?
Je crois qu'il n'est pas encore huit heures.	Crêio quê ainda não são ôito.
Comment, huit heures! il est dix heures sonnées.	Sim, ôito! já dérão dés.
Il faut donc que je me lève au plus vite.	Então vôu levantár-me depréssa.
*Adieu, mon cher, je vous quitte. Si je puis vous voir à six heures à l'hôtel de ***, nous dînerons ensemble.*	Adêos mêu cáro; dêixo-o. Sê êu podér vêl-o ás sêis hóras nâ cása-dê-pásto dê ***, jantarêmos júntos.
Volontiers. A tantôt.	Dê bôa vontáde. Até. lógo.

DIALOGUE 3. — DIÁLOGO 3.

Pour s'habiller. — Pâra vestír-se.

Jean, allons vite, faites du feu et habillez-moi.	João, despácha-te; accênde lúme ê vésteme.

Il y a du feu, monsieur.	Já há fôgo, senhôr.
Donnez-moi ma chemise.	Dá-me â mínha camísa.
La voilà.	Aquí está.
Elle n'est pas chaude, elle est encore toute froide.	Não está quênte; está muíto fría.
Si vous souhaitez, je la chaufferai.	Sê Vm. quér, vôu aquentál-a.
Non, non; apportez-moi mes bas de soie.	Não, não; tráz-me âs mêías dê sêda.
Ils sont troués.	Estão rôtas.
Faites-y un point ou faites-les raccommoder.	Dá-lhe úm pônto, ôu mânda-as concertár.
Je les ai donnés à la ravaudeuse.	Déi-as á palmilhadêira.
Vous avez bien fait.	Fizés-te bêm.
Où sont mes pantoufles?	Ònde estão âs mínhas chinélas?
Les voici.	Êil-as.
Où est ma robe de chambre?	Ònde está ô mêu roupão?
La voilà.	Aquí está.
Peignez-moi; prenez un autre peigne. Donnez-moi mon mouchoir.	Pentêia-me; tóma ôutro pênte. Dá-me ô mêu lênço.
En voilà un blanc, monsieur.	Êis úm lavádo, senhôr.
Donnez-moi celui qui est dans ma poche.	Dá-me aquêlle quê está nâ mínha algibêira.
Je l'ai donné à la blanchisseuse, il était sale.	Déi-ô á lavadêira; estáva sújo.
A-t-elle apporté mon linge?	Trôuxe élla â mínha rôupa?
Oui, monsieur; il n'y manque rien.	Sím, senhôr; ê não fálta náda.
Apportez ma culotte.	Tráz-me ôs calções.
La voici. Quel habit mettrez-vous aujourd'hui?	Aquí estão? Quê vestído quér hôje?
Celui que j'avais hier.	O mêsmo dê hôntem.
Le tailleur doit apporter bientôt celui de drap.	Ô alfaiáte há-de trazêr lógo ô vestído dê pânno.
Mes bottes sont-elles décrottées?	Âs mínhas bótas estão límpas?
Oui, monsieur.	Sím, senhôr.
Mes souliers ne sont pas encore cirés?	Ôs mêus sapátos índa não estão engraixádos?
Je vais les cirer à l'instant.	Vôu engraixál-os já.
Il faut que je me lave les mains, la bouche et le visage.	É-me necessário lavár âs mãos, â bôca, ê â cára.

Donnez-moi le bassin et un peu de savon.	Dá-me â bacía ê úm pôuco dê sabão.
Quelle cravate mettrez-vous aujourd'hui?	Quê graváta põe hôje?
Une cravate noire.	Â prêta.
Où est mon chapeau?	Ònde está ô mèu chapéo?
Le voici, monsieur.	Èil-o aquí, senhôr.
Donnez-moi mes gants et ma canne; il faut que je sorte.	Dá-me âs lúvas ê â bengála; porquê tenho dê saír.

DIALOGUE 4.	DIÁLOGO 4.
De la promenade.	**Dô passêio.**
Voulez-vous faire un tour de promenade avec moi?	Quér vir dár comigo úm passêio?
Il fait trop chaud.	Fáz múita cálma.
Attendons que la chaleur soit passée.	Esperêmos quê élla pásse.
Où irons-nous?	Ònde irêmos?
Allons à la promenade publique.	Vâmos âo passêio públíco.
Comment voulez-vous que nous y allions? en carrosse ou à pied?	Còmo quér quê vâmos? ém carruágem, ôu â pé?
A pied, cela est bon pour la santé.	Â pé, quê é bôm pâra â saúde.
Passons par ce pré. Que la campagne est belle! que les arbres sont touffus!	Passêmos pôr êste prádo. Còmo â campína é boníta! cômo âs árvores estão frondósas!
Cet endroit-ci est charmant pour étudier.	Béllo sítio pâra estúdo!
Regardez, cette allée offre une belle perspective.	Òlhe quânto é formósa â perspectíva d'ésta lamêda!
Asseyons-nous à l'ombre.	Sentêmo-nos â sômbra.
Respirez le parfum des fleurs.	Góze ô arôma dâs bonínas.
Faisons un bouquet.	Façâmos úm ramilhête.
Savez-vous qui sont ces dames qui viennent de notre côté?	Conhêce Vm. éssas senhóras quê pâra cá sê encamínhão?
Il paraît qu'elles cherchent où s'asseoir.	Parêce-me quê quérem assentár-se.
Laissons-leur ce banc.	Deixêmos-lhes êste bânco.
Allons du côté de la campagne.	Tomêmos pâra ô câmpo.
Il semble que le blé pousse déjà.	Parêce quê já ô trígo quér enverdecêr.

Entendez-vous le gazouillement des oiseaux?	Ôuve ô gorgêio dôs pássaros?
Quel plaisir! quel charme!	Quê gôsto! quê incânto!
La campagne a pour moi mille attraits.	Agráda-me múito ô câmpo.
Êtes-vous chasseur? voulez-vous aller à la chasse un de ces jours?	Vm. é caçadôr? Quér ír á cáça úm d'êstes días?
Je le veux bien; je n'ai pas un plus grand plaisir dans ce monde. Y a-t-il du gibier dans ces cantons?	Quéro; não tênho maiór gôsto n'êste múndo. Haverá múita cáça pòr êste sítio?
Les chasseurs disent que oui.	Ôs caçadôres dízem quê sím.
Retournons au logis, car il se fait tard.	Voltêmos pàra cása, quê é tárde.
Je suis fatigué.	Estôu cançádo.
Nous avons fait une longue promenade.	Démos úma vólta múito comprída.

DIALOGUE 5.	DIÁLOGO 5.
Du temps.	**Dô Têmpo**
Quel temps fait-il?	Quê têmpô fáz?
Il fait beau temps. Il fait mauvais temps.	Ô tempô está bôm. Ô têmpo é máo.
Nous aurons aujourd'hui une belle journée.	Hôje terêmos bôm día.
Le temps est couvert.	Ô têmpo está nublôso.
Nous avons besoin de beau temps.	Precisâmos dê bôm têmpo.
La campagne a besoin d'eau.	Ô câmpo péde água.
Il y a du brouillard.	Fáz névoa.
Il pleut.	Chóve.
Il ne pleut pas.	Não chóve.
Il pleuvra toute la journée.	Chóverá tôdo ô día.
Il pleut à verse.	Chóve à cântaros.
Il neige.	Néva.
Les matinées sont froides.	Âs manhãs são frías.
Il fait soleil.	Fáz sól.
Il fait de l'air.	Córre ár.
Il fait chaud.	Fáz cálma.
Je sue.	Estôu suândo.

Il tonne.	Trovêja.
Il fait des éclairs.	Relampêia.
J'ai peur du tonnerre.	Tênho mêdo dê trovões,
Le tonnerre est tombé.	Cahío ráio.
Le soleil se lève.	Sái o sól.
Le soleil se couche.	Põe-se ô sól.
Le ciel est étoilé.	Ô céo está estrelládo.
Il fait clair de lune.	Fáz luár.

DIALOGUE 6.	DIÁLOGO 6.
Pour écrire.	**Pâra escrevêr.**
C'est aujourd'hui jour de courrier; j'ai une lettre à écrire.	Hôje é día dê corrêio; tênho quê escrevêr úma cárta.
A qui écrivez-vous?	Â quêm escréve?
Je vais répondre à... A-t-on apporté les lettres? j'attendais une lettre de...	Vôu respondêr â... Chegárão cártas? Esperáva úma cárta dê.....
Ce n'est pas celle-là? voyez si c'est celle-ci.	Não é aquélla? Véja sê é ésta?
C'est pour moi, mais je ne connais pas l'écriture.	É pâra mim; mâs não conhêço â lêtra.
Cette lettre est arriérée.	Ésta cárta é retardáda.
Elle sera restée à la poste. Apportez-moi l'encrier, mettez-y de l'encre. Ces plumes ne valent rien; où est le canif? Pendant que je finis cette lettre, faites-moi le plaisir de cacheter ce paquet; il est pour mon cousin.	Talvêz ficásse nô corrêio. Dê cá ô tintêiro; dêite-lhe tinta. Éstas pênnas não préstão. Ônde está ô canivéte? Êm quanto acábo ésta cárta, fêche êsse máço, quê é pâra mêu primo.
Avez-vous mis la date? Cette lettre n'est pas datée.	Pôz â dáta? Ésta cárta não têm dáta.
Je n'ai pas signé. Quel est le quantième du mois?	Não mê assignêi. Â quântos estâmos dô mêz?
Le deux, le trois, le quatre, etc.	Â dôus, â três, â quátro, etc.
Pliez cette lettre; mettez-y l'adresse. Le courrier est-il arrivé?	Fêche éssa cárta; pônha-lhe ô sobrescrípto. Chegôu o corrêio?
On commence déjà à distribuer les lettres.	Já começão â dár âs cártas.

Y a-t-il des lettres pour moi?	Há cártas pâra mim?
Non, monsieur.	Não, senhôr.
Allez porter ces lettres à la poste.	Vá levár éstas cártas âo corrêio.

DIALOGUE 7. — DIÁLOGO 7.

Du jeu. — Do jôgo.

Aimez-vous le jeu?	Gósta dê jôgo?
Je n'aime pas le jeu; je ne joue que pour passer le temps.	Não gósto dê jôgo. Só jógo pâra passár ô têmpo.
A quel jeu voulez-vous que nous jouions?	Â quê jôgo quér qué joguêmos?
Aux cartes.	Às cártas.
Garçon, donnez-nous un jeu de cartes.	Rapáz, dá-nos úm barálho dê cártas.
A combien le point, le jeton?	Â quânto ô tento?
A trois francs.	Â úm cruzádo-nôvo.
C'est beaucoup.	É múito.
C'est à vous à faire.	Dê Vm.
Je suis premier, j'ai la main.	Sôu mão.
Coupez, monsieur.	Levânte.
Quel est l'atout?	Quê é ô trúnfo?
Le roi de trèfle.	Rêi-dê-páos.
Marquez trois points.	Lávre três têntos.
Voilà un bon commencement.	Bôm princípio!
Quel mauvais jeu, pas un atout!	Qué péssimo jôgo! nenhúm trúnfo!
A qui est-ce à jouer?	Â quêm tóca jogár?
C'est à madame.	Á senhôra.
Jouez.	Jógue.
L'as de cœur.	Áz-dê-cópas.
Je coupe.	Córto.
Atout.	Trúnfo.
Je n'en ai pas. J'en ai.	Não tênho. Tênho.
Tout le monde a joué, excepté vous.	Tôdos pozérão, excépto Vm.
C'est vrai, je ne l'avais pas vu. Je suis bien malheureux, je perds toujours.	É verdáde, não tínha reparádo. Sôu bêm infeliz, sêmpre pérco!
Nous devons.	Devêmos.
Refaites, rebattez.	Tórne â dár.

Cette fois-ci, j'ai un grand jeu.	Pôr ésta vêz tênho excellênte jôgo.
On ne parle pas en jouant.	Quêm jóga não fálla.
Ne regardez pas mon jeu.	Não mê vêja âs cártas.
J'ai gagné.	Ganhêi.
Nous sommes quittes.	Estâmos êm páz.

DIALOGUE 8. — DIÁLOGO 8.

Avec le tailleur. — Côm ô alfaiáte.

Pouvez-vous me faire un habit?	Póde fazêr-me úm vestído!
Oui, monsieur.	Sím, senhôr.
Prenez-moi mesure.	Tóme â medída.
De quel drap le voulez-vous?	Dê quê pánno ô quér?
D'une étoffe qui soit de saison.	Dô quê convêm âo têmpo, êm quê estâmos.
Avez-vous des échantillons?	Têm amóstras?
Choisissez dans ceux-ci.	Escôlha n'éstas.
Combien me faut-il d'aunes pour habit, veste et culotte?	Quântos côvados necessito pâra casáca, collête ê calção?
Six aunes.	Sêis.
C'est trop.	É mito.
De quoi faut-il doubler l'habit?	Dê quê hêi-dê forrár ô vestído?
De quelque chose de durée; je m'en rapporte à vous.	Dê algúma coûsa dê dúra; Fío-me êm Vm.
Vous serez satisfait.	Fíque descançádo.
Quand m'apporterez-vous mon habit?	Quândo m'ô tráz?
Le plus tôt possible.	Quânto ântes.
Je le voudrais pour dimanche.	Êu quizéra-o pâra domíngo.
Apportez-vous mon habit?	Tráz-me ô vestído?
Oui, monsieur, le voici.	Sím, senhôr, êil-o aquí.
Vous m'avez fait bien attendre.	Vm. fêz-me esperár múito.
Je n'ai pas pu venir plus tôt.	Não púde vír máis cêdo.
Est-ce qu'il n'était pas achevé?	Não estáva acabádo?
La doublure n'était pas cousue.	Ô fôrro não estáva cozído.
Voulez-vous l'essayer?	Quér provál-o?
Voyons comment il est fait.	Vejâmos sê é bêm fêito.
Je pense que vous en serez satisfait.	Crêio quê ô há-de contentár.
Il me paraît bien long.	Parêce-me bêm comprído.

C'est ainsi qu'on les porte actuellement.	Agóra úsão-se assím.
Boutonnez-moi.	Abotôe-me.
Il me serre trop sur l'estomac.	Êlle apérta-me múito ô pêito.
Pour qu'un habit aille bien, il faut qu'il soit juste.	Pàra quê úm vestído assênte bêm, é necessário sêr jústo.
Les manches n'ont-elles pas trop d'ampleur?	Não são âs mângas demasiadamênte lárgás?
Non, monsieur, elles vous vont bien.	Não senhôr, estão-lhe bêm.
Le pantalon est trop étroit.	Â pantalôna é múito estrêita.
C'est la mode.	É móda.
Où est le reste du drap?	Ônde está ô résto dô pânno?
Il n'y a rien de reste.	Não sobejôu náda.
Avez-vous fait votre compte?	Fêz â súa cônta?
Non, monsieur, je n'en ai pas eu le temps.	Não senhôr, não tive têmpo.
Apportez-le demain, je vous payerai.	Trága-a á manhã, ê pagár-lhê-hêi.

DIALOGUE 9. — DIÁLOGO 9.

Avec un cordonnier. — Côm ô sapatêiro.

J'ai besoin d'une paire de souliers.	Necessito úm pár dê sapátos.
Asseyez-vous, je vous en essayerai.	Assênte-se: pâra provál-os.
Ceux-ci ne me conviennent pas du tout, ils sont trop étroits.	Êstes não mê convêem pôr múito apertádos.
Ceux-ci vous conviendront mieux.	Tãlvez êstes lhê assentêm melhór.
Je ne crois pas; le cou-de-pied n'est pas assez haut.	Não ô crêio; ô pêito-dô-pé não têm bastânte altúra.
Je n'en ai point dans ma boutique qui puissent vous convenir.	Então não tênho nâ lója nenhúns quê lhê convênhão.
En ce cas, prenez ma mesure.	Pôis tóme-mê medída.
Vous pouvez compter que vous serez bien servi.	Tênha â certêza dê sêr bêm servído.
Montrez-moi des bottes.	Móstre-me bótas.
Je crois que celles-ci vous iront bien.	Parêce-me quê éstas lhê ajustarão bêm.
Le pied est étroit, mais il ne vous blessera pas.	Ô pé é estrêito; mâs não ô molestará.
Effectivement elles me vont très-bien.	Côm effêito cálção-me bêm.

nous des assiettes, des couteaux et des fourchettes; rincez les verres. Donnez une chaise à monsieur. Mettez-vous près du feu.	Láva ôs cópos. Dá úma cadêira ão senhôr. Assênte-se ão pé dô lúme.
Je n'ai pas froid, je serai fort bien ici.	Não tênho frío; aquí ficarêi múito bêm.
Voyons si le vin sera bon. Donnez-moi cette bouteille et un verre. Goûtez ce vin, je vous en prie. Que vous en semble, qu'en dites-vous?	Vejâmos sê ô vínho é bôm. Dá-me aquélla garráfa ê úm cópo. Quê lhê parêce? Cômo ô ácha?
Il n'est pas mauvais, il est excellent.	Não é máo, é excellente.
Voici les saucisses. Otez ce plat. Mangez des saucisses.	Eis-aquí âs linguíças. Tíra aquêlle práto; Côma Vm. linguíças.
J'en ai mangé, elles sont fort bonnes.	Já comí algúmas; são múito bôas.
Donnez-moi à boire. A votre santé, monsieur.	Dá-me dê bebêr. Á saúde dê Vm.
Je vous remercie, monsieur.	Bôm provêito lhê fáça.
Donnez à boire à monsieur.	Dá dê bebêr ão senhôr.
Je viens de boire. Les petits pâtés étaient fort bons.	Bebí há pôuco. Ôs pastelínhos érão óptimos.
Ils étaient tant soit peu trop cuits.	Estávão cozidos dê máis.
Vous ne mangez pas?	Vm. não cóme?
J'ai tant mangé que je ne pourrai pas dîner.	Comí tânto, quê não poderêi jantár.
Vous vous moquez, vous n'avez rien mangé.	Está zombândo! Vm. não comêu quási náda.
J'ai fort bien mangé du boudin, des saucisses et du jambon.	Comí côm múito gôsto dâ morcélla, dâs salchíchas, ê dô presúnto.
Prenez-vous du thé ou du café?	Tóma chá ôu café?
Je prendrai du thé.	Beberêi chá.
Voici des petits pains et des rôties.	Ahí têm pãesínhos ê fatías.
Je prendrai un petit pain.	Comerêi úm pãosínho.
Et moi une rôtie.	Ê êu úma torráda.
Comment trouvez-vous le thé?	Cômo ácha ô chá?
Il est excellent.	É excellênte.
Encore une autre tasse.	Aínda úma chícara?
Je vous remercie, c'est assez.	Múito obrigádo, básta.

DIALOGUE 12.	DIÁLOGO 12.
Pour demander ce qu'on dit de nouveau.	**Pâra perguntár novidádes.**
Que dit-on de nouveau?	Quê há dê nôvo?
Je n'ai rien entendu.	Não ouví dizêr náda.
De quoi parle-t-on?	Dê quê fállão agóra?
On ne parle de rien.	Não ôuço dizêr côusa algúma.
Avez-vous ouï dire que nous aurons la guerre?	Ouvío Vm. fallár dê guérra?
Je n'en ai pas entendu parler.	Náda ouví â êsse respêito.
On parle pourtant d'un siége.	Porêm fálla-se d'úm cêrco.
On le disait, mais il n'est pas vrai; au contraire, on parle de paix.	Fallôu-se n'isso, mâs é mentíra; pêlo contrário, fállão dê páz.
Croyez-vous que nous l'aurons?	Júlga Vm. quê â terêmos?
Je crois que oui.	Assím ô crêio.
Que dit-on en cour?	Quê dízem nâ côrte?
On parle d'un voyage.	Fálla-se d'úma jornáda.
Quand croit-on que le roi partira?	Quàndo pênsão quê párte el-rêi?
On ne le sait pas.	Não sê sábe.
Où dit-on qu'il va?	Ônde dízem quê vái?
Les uns disent en Flandre; les autres, en Allemagne.	Úns dízem quê â Flândres; òutros, â Allemânha.
Et le journal, que dit-il?	Ê quê díz â gazêta?
Je ne l'ai pas lu.	Não â li.
*Est-ce vrai ce qu'on dit de M. M***?*	É cérto ô quê dízem dô senhôr M***?
Qu'en dit-on?	Pòis quê dízem d'êlle?
On dit qu'il est blessé à mort.	Díz-se estár ferído mortalmênte.
J'en serais fâché, car c'est un honnête homme.	Sentirêi ísso múito; porquê é honrado sujêito.
Qui l'a blessé?	Quêm ô ferío?
Deux fripons qui l'ont attaqué.	Dòus marôtos quê ô investírão.
Sait-on pourquoi?	Sábe-se porquê?
Le bruit court que c'est pour avoir donné un soufflet à l'un d'eux.	À vóz quê córre é quê êlle déra, n'úm dôs táes, úm bofetão.
Je ne le crois pas.	Não crêio ísso.
Ni moi non plus.	Nêm êu tão pôuco.

Quoi qu'il en soit, on le saura bientôt.	Cêdo saberêmos â verdáde.
Vous êtes-vous bien amusé au bal d'hier soir?	Divertío-se Vm. múito nô báile dê hôntem â nôite?
*Beaucoup, et M. L*** m'a demandé de vos nouvelles.*	Múito; ê ô senhôr L*** perguntôu-me pôr Vm.
Je m'en réjouis.	Múito fôlgo.
Madame votre épouse est-elle accouchée?	Â senhôra súa espôsa já parío?
Oui, monsieur, et très-heureusement.	Sim, senhôr, ê felicissimamênte.
Comment va le petit enfant?	Cômo pássa ô menino?
Il se porte fort bien.	Múito bêm.

DIALOGUE 13. — DIÁLOGO 13.

Pour acheter. — Pâra comprár.

Que souhaitez-vous, monsieur?	Quê quér Vm.?
Je voudrais un bon et beau drap pour faire un habit.	Quéro úm bôm ê bonîto pânno pâra vestído.
Entrez, monsieur, vous verrez ici les plus beaux draps de Paris.	Tênha â bondáde d'entrár, ê verá ôs máis béllos pânnos dê París.
Montrez-moi le meilleur que vous ayez.	Móstre-mê ô melhór quê Vm. têm.
En voilà un très-beau et comme on le porte à présent.	Êis úm excellênte ê múito dâ móda.
Il est bon, mais la couleur ne me plaît pas.	É bôm; màs â côr não mê agráda.
En voilà une autre pièce plus claire.	
J'aime bien cette couleur; mais le drap n'est pas assez fort, il est trop mince.	Agráda-me â côr; pôrem o pânno não é múito fórte; não têm côrpo.
Voyez cette pièce, monsieur, vous n'en trouverez pas une si belle ailleurs; le drap est très-bon.	Vêja ésta péça: Vm. não achará em párte nenhúma ôutra tão bôa cômo élla: ô pânno é excellênte.
Combien me le vendrez-vous l'aune?	Quânto péde Vm. pôr cáda vára?
Sans vous surfaire d'un sou, il vaut vingt francs.	Ô sêu jústo prêço é três míl duzêntos ê ôito réis.

Monsieur, je ne suis pas accoutumé à marchander; dites-moi le dernier mot.	Senhôr, eû não costûmo regateár; díga-me ô último prêço.
Je vous l'ai dit, monsieur, il vaut cela.	Já lhê dísse quê aquêlle é ô sêu jústo prêço.
C'est trop cher, je vous en donnerai dix-huit francs.	É caríssimo, dár-lhê-hêi dôus mil oitocêntos ê oitênta réis.
Il n'y a pas un sou à rabattre.	Não pósso abâtêr ûm seitíl.
Vous n'aurez pas ce que vous avez demandé.	Não lhê darêi ô quê mê péde.
Vous m'avez demandé mon dernier mot, je vous l'ai dit.	Vm. quíz sabêr ô último prêço, ê êu dísse-lh'o.
Allons, allons, coupez-en deux aunes.	Vâmos, vâmos, córte d'êlle dúas váras.
J'aurais besoin de casimir pour me faire un pantalon.	Necessíto casimíra pâra úmas pantalônas.
En voici à côtes qui vous conviendra bien, c'est ce qu'il y a de plus à la mode.	Ésta dê ríscas miúdas podêr-lhê-há convír, ê é à quê está máis êm móda.
Dans ce cas, coupez ce qu'il me faut.	N'êsse cáso, córte ô dê quê necessíto.
Donnez-moi aussi de la toile de coton et tout ce qui est nécessaire pour la doublure et les poches.	Dê-me tambêm pânno d'algodão ê ô máis quê fôr necessário pâra fórros ê algibêiras.
Ne vous faut-il rien de plus?	Não precísa dê máis náda?
Pas pour le moment.	Pôr agóra, não.

DIALOGUE 14. — DIÁLOGO 14.

Pour dîner. — Pâra jantár.

Allons dîner, le dîner est prêt.	Vâmos jantár; êlle está prômpto.
La soupe est servie.	Â sôpa está nâ mêsa.
Mettez-vous à table près de moi. Aimez-vous la soupe?	Sênte-se âo pê dê mim. Gósta dê sôpa?
Je mange de tout.	Êu cómo dê túdo.
Coupez du pain; en voici. Je ne sais si ce bouilli sera bon.	Córte pão: aquí ô têm. Não sêi sê êste cozído será bôm.
Ces côtelettes sont excellentes.	Éstas costellínhas são óptimas.
Monsieur, voulez-vous des haricots?	Quér feijões?

Oui, monsieur.	Sim, senhôr.
Découpez ce dinde. Comment trouvez-vous cette perdrix?	Trínche èste perúm. Cômo ácha éssa perdíz?
Elle est excellente.	É excellènte.
Pierre, débouchez une bouteille de vin de Porto.	Pèdro, destápa úma garráfa dè vínho dô Pôrto.
A votre santé, monsieur.	Á súa saúde, senhôr.
Bien obligé.	Víva múitos annos.
Monsieur, que souhaitez-vous?	Quê quér, senhôr.
Une aile de poulet.	Úma áza dè frângo.
Pierre, desservez, et apportez le dessert.	Pèdro léva èstes prátos, ê tráz-nos â sobremêsa.
Des poires, des pommes, qui en veut?	Quér pêras ôu maçãs?
Je vous prierai de me donner une poire.	Rógo-lhe mê dè úma pêra.
Celle-ci me paraît mûre.	Ésta parêce-me madúra.
Je vous remercie.	Agradèço-lhe.
Goûtons un peu de cette liqueur, elle est bonne pour l'estomac.	Provêmos êste liquôr, quê é bôm pâra ô estômago.
Bien obligé, c'est fini.	Múito obrigádo; náda máis.

DIALOGUE 15.	DIÁLOGO 15.
Pour parler français.	**Pâra fallár francêz.**
Comment va le français? Êtes-vous bien savant à présent?	Cômo vái Vm. côm ô sêu francêz? Está já múito adiantádo?
Pas trop, je ne sais presque rien.	Bêm pôuco; êu não sêi quási náda.
On dit pourtant que vous parlez fort bien.	Côm túdo, dízem quê Vm. ô fálla múito bêm.
Ceux qui le disent se trompent fort.	Ôs quê tál dízem estão múi enganádos.
Je vous assure qu'on me l'a dit.	Certifíco-lhê quê assím m'ò disserão.
J'ai pu dire quelques mots que je sais par cœur.	Púde articulár algúmas pálavras quê aprendí dê cór.
C'est ce qu'il faut pour commencer à parler.	É quânto básta pâra começár â fallár.
Ce n'est pas le tout de commencer, il faut achever.	Não básta quê êu comèce, é necessário quê acábe.
Parlez toujours, bien ou mal.	Fálle sêmpre bêm ôu mál.
J'appréhende de faire des fautes.	Recèio commettêr êrros.

N'appréhendez pas, la langue française n'est pas difficile.	Não tênha mêdo ; â lîngua francêza não é difficil.
Je le sais, et qu'elle a beaucoup d'agréments. Que je serais heureux si je la savais!	Conhêço îsso ; ê quê é múito engraçáda. Pôr felíz mê daría sê â soubésse !
Il faut étudier pour l'apprendre.	Â applicação é ô único méio d'aprendêl-a.
Combien y a-t-il que vous l'apprenez?	Quânto tempo há quê â estúda?
Il n'y a pas encore un mois.	Índa não há úm mêz.
Comment s'appelle votre maître?	Cômo sê châma sêu méstre?
*Il s'appelle N****	Châma-se N***.
Je le connais il y a longtemps; il a enseigné à plusieurs de mes amis. Ne vous dit-il pas qu'il faut parler français?	Há múito têmpo quê ô conhêço. Êlle dêu lições â algúns amígos mêus. Não díz êlle â Vm. sêr urgênte fallár francêz?
Oui, monsieur, il me le dit souvent.	Sím, senhôr, ê múitas vêzes.
Pourquoi donc ne parlez-vous pas?	Pôis porquê ô não fálla Vm.
Avec qui voulez-vous que je parle?	Côm quêm quér Vm. quê êu ô fálle?
Avec ceux qui vous parleront.	Côm ôs quê ô fallárem côm Vm. ?
Je voudrais bien parler, mais je n'ose.	Êu bêm quizéra fallál-o, mâs não mê atrêvo.
Il ne faut pas craindre, il faut être hardi.	Déve sêr ousádo, ê não têr vergônha.

DIALOGUE 16. / DIÁLOGO 16.

Pour voir la ville. / Pâra vêr â cidáde.

Antoine, accompagnez ces messieurs, faites-leur voir la ville.	António, acompânha êstes senhôres, ê móstra-lhês â cidáde.
Nous voudrions voir tout ce qu'il y a de remarquable ici.	Desejâmos vêr ô quê élla contêm dê curiôso.
Suivez-moi, s'il vous plaît. Je n'oublierai rien de ce qui peut mériter votre attention. Nous voici auprès de la cathédrale; voulez-vous y entrer?	Tênhão â boudáde dê vír comígo; hêide mostrár-lhes quânto é merecedôr dê súa attenção. Êis-nos âo pé dâ cathedrál. Quérem entrár n'élla?
Nous voulons premièrement la regarder en dehors, puis nous entrerons pour voir l'intérieur.	Vêl-â-hêmos primeiramênte pôr fóra, ê depôis pôr dêntro.

Admirez ce chef-d'œuvre d'architecture gothique.	Admírem ésta óbra-príma d'architectúra góthica.
La ciselure de toutes ces figures est vraiment admirable.	Còmo ô lavôr dê tôdas éstas figúrâs é bêllo?
La coupole et la nef ne sont pas moins curieuses à voir.	Pôis ô zimbório ê â náve não lhés são inferiôres êm primòr.
Quel est ce palais que je vois là-bas?	Quê palácio é aquêlle quê acolá vêjo?
C'est l'Hôtel de ville.	É â cása-dâ-câmara.
Et cette tour ici à côté?	Ê éssa tôrre quê nós fica á ilhárga?
C'est l'Observatoire.	É ò observatório.
Le pont est très-beau; il a dix arches, et est construit de pierres de taille.	Â pônte é lindíssima; têm dés árcos; ê é dê cantaría.
Les rues sont bien alignées et bien pavées.	Âs rúas são mũi dirêitas ê bêm calçádas.
Combien cette ville a-t-elle de circuit?	Quál é o circúito d'ésta cidáde?
Deux lieues.	Dúas léguas.
Y a-t-il aussi des hôpitaux ici?	Ésta cidáde têm hospitáes?
Il n'en manque pas.	Têm bastântes.
Quels sont donc les édifices les plus dignes d'être vus?	Quáes são pôis ôs edifícios máis dígnos dê sêr vistos?
C'est l'Arsenal, la Salle de spectacle, la Douane et la Bourse.	Ô arsenál, ô theátro, â alfândega, ê â práça-dô-commércio.
Nous allons voir les autres monuments, tels que le Mont-de-piété, le jardin des Plantes, la Monnaie, la Bibliothèque, le Musée, etc.	Vâmos vêr ôs ôutros monumêntos; â sabêr: ô Mónte-pío, ò jardím-dâs-plântas, â Casa-dâ-moéda, â Bibliothéca, ò Muséo, etc.
Ce sera pour un autre jour; nous sommes fatigués.	Ísso ficará pàra ôutro día: estâmos cançados.

DIALOGUE. 17.	DIÁLOGO 17.
Pour s'informer d'un personne.	**Pâra sê informár d'úma pessôa.**
Qui est ce monsieur qui vous parlait tantôt?	Quêm é aquêlle sujêito quê lhê falláva há pôuco?
C'est un Allemand.	É úm Allemão.
Je le croyais Anglais.	Parecía-me Inglêz.
Il est du côté de la Saxe.	Êlle é dâ párte dê Saxónia.

Il parle fort bien français.	Fálla múito bêm francêz.
Quoiqu'il soit Allemand, il parle si bien italien, français, espagnol, et anglais, que parmi les Italiens, on le croit Italien ; il parle français comme les Français mêmes. Les Espagnols le croient Espagnol, et les Anglais, Anglais.	Aínda quê Allemão, fálla tão bêm italiâno, francêz, hespanhól ê inglêz, quê, êntre ôs Italiânos, parêce Italiâno. Fálla fráncêz cômo ôs mêsmos Francêzes. Ôs Hespanhóes ô têem pôr Hespanhól, ê ôs Inglêzes pôr Inglêz.
Il est difficile de posséder bien tant de langues différentes.	É diffícil sabêr bêm tântas línguas divérsas.
Il a été longtemps dans ces pays-là.	Estêve múito têmpo n'êsses paízes.
Y a-t-il longtemps que vous le connaissez?	Há múito quê Vm. ô conhêce?
Il y a environ deux ans. Il joue du luth, de la guitare, et de plusieurs autres instruments.	Há quási dôus ânnos. Êlle tóca hárpa, vióla, ê vários ôutros instrumêntos.
Je serais bien aise de le connaître.	Folgarêi múito dê ô conhêcer.
Je vous procurerai sa connaissance.	Êu lhê darêi conhecimênto côm êlle.
Où demeure-t-il?	Ônde móra êlle?
Il demeure ici près.	Aquí pérto.
Quand voulez-vous que nous allions le saluer.	Quândo quér Vm. quê vâmos visitál-o?
Quand il vous plaira.	Quândo quizér.
Nous irons demain matin.	Irêmos á manhã pêla manhã.
Je vous serai obligé.	Ficár-lhê-hêi múito obrigádo.

DIALOGUE 18. — DIÁLOGO 18.

Pour monter à cheval. — Pâra montár â cavállo.

Voilà un cheval qui a la mine d'être mauvais. Donnez-m'en un autre; je ne veux point de celui-ci. Il ne saurait marcher; il est poussif, il est fourbu. N'avez-vous pas de honte de me donner une rosse comme celle-là? Il est déferré, il est encloué; il faut le mener chez le maréchal. Il boîte, il est estropié, il est aveugle. Cette selle me	Eis úm cavállo quê mê parêce máo. Dême ôutro; não quéro êste. Êlle não poderá andár. Ê asmático; está aguádo. Vm. não sê envergônha dê mê dár úm rossím semelhânte? Êlle está desferrádo ê encraváda. É necessário mandál-o âo ferradôr. Elle manquêja; está estropeádo, ê é cégo. Ésta sélla mê ferirá. Ôs estríbos são múito compridos, múito cúrtos. Estênda ôs estríbos, en

blessera. Les étriers sont trop longs, trop courts. Allongez les étriers, raccourcissez les étriers. Les sangles sont pourries. Quelle méchante bride? Donnez-moi mon fouet. Attachez la valise et mon manteau.	côlha-os. Às cilhas estão pôdres. Quê péssimo frêio! Dê-me ô mêu chicóte. Áte á mála ê ô mêu capóte.
Vos pistolets sont-ils chargés?	Às súas pistólas estão carregádas?
Non; j'ai oublié d'acheter de la poudre et des balles. Piquons, allons plus vite. Je n'ai jamais vu une plus méchante bête; elle ne veut ni avancer ni reculer.	Não. Esquecêu-me comprár pólvora ê bála. Piquêmos, vâmos máis depréssa. Núnca ví peior bêsta. Não quér andár, nêm pâra diânte, nêm pâra tráz.
Lâchez-lui la bride, tenez les rênes plus courtes. Piquez fortement, faites-le marcher.	Alárgue-lhê â rédea. Encúrte-lhe âs rédeas. Esporêio-o rijaménte; fáça-o andár.
J'ai beau piquer, je n'en saurais venir à bout.	Pôr máis quê o pico, não ô pósso fazér caminhár.
Descendez, je le ferai bien aller.	Desapêie-se; êu ô farei avançár.
Prenez garde qu'il ne vous donne un coup de pied.	Tóme sentído não lhê atire algúm côuce.
Il rue donc, à ce que je vois? Voyez si j'ai su le dompter.	Êlle dá côuces pêlo quê vêjo. Ólhe cómo êu ô súbe domár.

DIALOGUE 19. — DIÁLOGO 19.

Avec l'horloger. — Côm ô relojoêiro.

Je vous apporte une montre qui a besoin de réparation.	Trágo-lhe úm relójio quê precísa concêrto.
Voyons ce qu'il y a à faire. Ah! c'est une montre à répétition, le verre en est cassé.	Vejâmos ô que sê quebrôu. Áh! é úm relójio dê repetição; quebrôu-sê-lhê ô vídro.
J'ai eu le malheur de la laisser tomber au moment où je la montais; il faut y remettre un verre.	Infelizmênte deixêi-o cahír quândo lhe dáva córda. É necessário quê Vm. lhê pônha ôutro vidro.
Le cadran et l'aiguille en ont souffert un peu. Il faut que je la démonte, pour voir si le mouvement n'est pas dérangé.	Ô quadrânte ê ô pontêirô estão algúm tânto damnificádos. Precíso desmontál-o pâra vêr sê ô movimênto regúla.

Quand pourrai-je repasser pour la prendre?	Quândo poderêi vír buscál-o?
Après-demain. Je vous en prêterai une autre en attendant.	Depôis d'ámanhã. Êu lhê empréstо ôutro nô êm tânto.
Je vous en serai obligé.	Fico-me muito obrigado.
N'avez-vous pas besoin d'une pendule? j'en ai ici de bien bonnes.	Não precísa d'úma péndula? Tênho-as excellêntes.
Me la laisserez-vous à l'épreuve? Je ne l'achèterai qu'à cette condition.	Deixár-m'â-há Vm. experimentár? Somênte, côm ésta condição, â comprarêi.
J'y consens volontiers.	Estôu pôr ísso dê múi bôa vontáde.

DIALOGUE 20.	DIÁLOGO 20.
Pour visiter un malade.	**Pâra visitár úm dôente.**
Comment avez-vous passé la nuit?	Cômo passôu Vm. â nôite?
Fort mal. Je n'ai point dormi; j'ai eu la fièvre pendant toute la nuit. Je sens des douleurs partout le corps.	Múito mal, não púde dormír. Tíve fébre tôda â nôite. Sínto dôres êm tôdo ô côrpo.
Voyons votre langue. Avez-vous mal au cœur?	Vejâmos â língua; têm Vm. vontáde dê vomitár?
Oui, quelquefois.	Algúmas vêzes.
Êtes-vous altéré?	Está Vm. sequiôso?
Oui, j'ai souvent soif.	Sím, senhôr; tenho sêde â miúde,
Que je vous tâte le pouls.	Dêixe-me apalpár-lhe ô púlso.
Il y a de la fièvre.	Têm fébre.
Croyez-vous ma maladie dangereuse?	Júlga Vm. â mínha doênça perigósa?
Votre état n'a rien d'inquiétant.	Â súa situação não é dê cuidádo.
Il faut envoyer chez l'apothicaire; je vais écrire l'ordonnance.	Êu vôu escrevêr â recêita pára mandál-a âo sêu boticário.
De quoi est composée la médecine que je dois prendre?	Dê quê cônsta ô remédio quê êu dêvo tomár?
De rhubarbe, de crème de tartre, etc.	Dê rheubárbo, crémor-dê-tártaro, etc.
Vous prendrez une cuillerée de cette potion d'heure en heure.	Vm. tomará, câda hóra, úma colhér d'ésta poção.
Il faut faire diète aujourd'hui.	Hôje obsérve diêta.

Que puis-je manger?	Quê poderêi comêr?
Vous pourrez prendre un bouillon.	Póde bebêr ûm cáldo.
Puis-je me lever?	Poderêi erguêr-me?
Oui, pendant une heure ou deux.	Póde; más só úma hóra *ôu* dúas.
Ai-je autre chose à faire?	Quê máis dêvo fazêr?
Ayez soin de vous tenir chaudement, et dans deux ou trois jours vous serez guéri.	Resguardár-se dô frío; ê, êm dôus *ôu* três días, estará são.

DIALOGUE 21.	DIÁLOGO 21.
Pour voyager.	**Pâra ír dê jornáda.**
Où allez-vous?	Ônde vái?
Je vais à Cadix.	Â Cádiz.
Quand partez-vous?	Quândo párte?
Aussitôt que j'aurai fini une affaire que j'ai ici.	Concluído quê sêja ô negócio, â quê vim.
Avez-vous déjà arrêté une voiture?	Já alugôu carruágem?
Oui, monsieur, et assez bon marché.	Sim, senhòr, ê bêm baráto.
Plût à Dieu qu'il y eût une place pour moi!	Sê n'élla houvésse ûm accênto pàra mím!
Il y en a une; vous pouvez y compter dès à présent.	Cônte côm êlle.
Vous me ferez beaucoup de plaisir en venant avec moi.	Terêi súmmo gósto dê ír côm Vm.
Avez-vous beaucoup d'effets?	Têm múito fáto.
Deux coffres et une valise.	Dôus bahús ê úma mála.
Vous pouvez tout préparer pour demain. Nous partirons à la fraîche.	Póde apromptár túdo pâra ámanhã. Partírêmos pêla frêsca.
J'ai déjà pris congé de tous mes amis.	Já mê despedí dê tôdos ôs amígos.
Où allons-nous coucher la première nuit?	Ônde vâmos pernoitár nô primêiro día?
A Ocâna.	Êm Ocânha.
C'est une journée ordinaire.	É jornáda regulár.
Dans quelle auberge nous arrêterons-nous?	Êm quê estalájem ficarêmos?
Dans celle du Soleil, c'est la meilleure.	âdô sól, quê é â melhór.

Le chemin est-il beau?	Â estráda é bóa?
Fort beau.	Lindíssima.
Y a-t-il du danger sur le grand chemin?	Há perígo nâ estráda-reál?
On n'en parle pas.	Núnca ouví fallár n'ísso.
Ne dit-on pas qu'il y a des voleurs dans les bois?	Há ladrões nôs bósques?
Il n'y a rien à craindre, ni de jour ni de nuit.	Náda há quê temêr dê día *ôu* dê nôite.
C'est un grand chemin où l'on trouve du monde à tout moment.	É estráda-reál ônde há gênte â câda instânte.
Où change-t-on de chevaux?	Ònde mudâmos dê cavállos?
*Dans le village de ****	Nâ aldêia dê ***.
*Ne passons-nous pas par A***?*	Não passâmos pôr A***?
Non, monsieur, on le laisse à gauche.	Não, senhôr, fica-nos á esquêrda.
*Mais nous passerons par B***, où l'on s'arrête pour changer de chevaux.*	Mâs passarêmos pôr B*** pâra mudár dê cavállos.
Pour moi, je suis charmé de jouir de votre société; mais je vous avoue que je voudrais déjà être arrivé.	Êu fólgo múito dê estár côm Vm.; mâs confésso-lhe quê desejára já têr chegádo.
Je vous crois sans peine.	Assím ô crêio.
Prenons patience : encore quelques heures, et nous serons au terme de notre voyage.	Tenhâmos paciência; d'aqui â algúmas hóras acabarêmos â jornáda.
Je suis fatigué. La voiture me fatigue beaucoup.	Estóu cançádo. Molésta-me â carruágem.
Postillon, arrêtez; nous descendrons ici.	Pára, postilhão; querêmos apeár-nos.
Voilà l'auberge.	Êis â estalájem.

DIALOGUE 22. — DIÁLOGO 22.

Avec un aubergiste. — Côm ô estalajadêiro.

Pouvons-nous loger ici?	Há aquí quártos?
Oui, monsieur, nous avons de bons lits.	Sím, senhôr, ê bôas câmas.
Descendons, messieurs.	Apeiêmo-nos, senhôres.

Où est le garçon d'écurie ?	Ônde está ô môço dâ cavalharíça ?
Me voilà, monsieur.	Aquí estôu, senhôr.
Menez les chevaux à l'écurie, et prenez-en bien soin.	Léva ôs cavállos á estrebaría, ê trátaos bêm.
Que nous donnerez-vous pour souper ?	Quê têmos pâra â cêia ?
Messieurs, ce que vous voudrez.	Ô quê ôs senhôres quizérem.
Donnez-nous une paire de pigeons, un morceau de jambon et une salade.	Vênhão dôus pômbos, úma lásca dê presúnto ê saláda.
Tout sera prêt, vous pouvez être tranquille.	Descancêm : vôu preparár ísso.
Faites-nous souper le plus tôt possible.	Dê-nôs dê ceiár quânto ântes.
Messieurs, le souper est prêt, il est déjà servi.	Senhôres está â cêia prômpta ê já nâ mêsa.
Messieurs, allons souper, afin de pouvoir aller nous coucher de bonne heure.	Senhôres, vâmos ceiár pâra nôs deitármos cêdo.
Garçon, apportez le dessert, et dites à votre maître de venir.	Rapáz tráz â sobremêsa, ê díz âo patrão quê súba.
Le voici.	Êll-o.
Combien avons-nous dépensé ?	Quânto devêmos ?
Le compte se monte à peu. Le souper, le lit et le déjeuner, se monteront à trente francs.	Á despêsa não é grânde. Pôr cêia, cama, ê almôço, úma moéda.
Cela me paraît un peu cher.	Parêce-me múito.
Donnez-nous des draps blancs. Bonne nuit, monsieur.	Dê-nos lançóes lavádos. Bôas nôites, senhôr.
Messieurs, je vous souhaite une bonne nuit.	Tênhão Vmm. múito bôas nôites.
Garçon, réveillez-moi demain de bonne heure.	Rapáz, acórda-me pêla manhã cêdo.
Monsieur, je n'y manquerai pas.	Sím, senhôr, fíque descançádo.

DIALOGUE 23. — DIALOGO 23.

Du ménage. — Dô govêrno dâ câsa.

Je ne sais plus comment m'y prendre avec ces gens-là.	Já não sêi cômo mê hêi-dê havêr côm ésta cásta dê gênte.

J'en dis bien autant, il n'y a plus de bons domestiques. Personne ne pense à balayer ni à allumer le feu que je ne sois levé.
Ô mêsmo digo êu; não há criádos quê préstem. Nenhúm sê lêmbra dê varrêr, ôu d'accendêr lúme, sêm quê êu mê levânte.

Pour moi, je balaie ordinairement ma chambre moi-même.
Pêlo quê mè tóca, eû mésmo várro ô mêu quárto.

Vous avez raison; le moyen d'être bien servi est de se servir soi-même.
Ê têm razão, porquê ô módo dê câda ûm sêr bêm servído, é servír-se â sí próprio.

Comme les temps sont changés! Anciennement j'avais des domestiques qui devinaient ma pensée. Le service se faisait en un moment, tout était proprement tenu; on se mirait dans mes meubles. Aujourd'hui, comme vous voyez, c'est bien différent, tout est couvert de poussière: les trumeaux, les buffets, les crédences, les commodes, les murailles même, ont changé de couleur.
Cômo ôs têmpos estão mudádos! Antiguamênte tive êu criádos quê mê adivinhávão ôs pensamêntos. Ô trabálho fazia-se n'úm instânte; túdo éra úm pônto d'acêio, ê ôs trástes luzíão cômo espêlhos. Hôje êm día (côrno vê) é ô contrário; túdo está cobérto dê pó, ôs vestidos, ôs trumós, ôs bufétes, ôs armários, âs cómodas, ê athé mêsmo âs parêdes mudárão dê côr.

Croyez-moi, renvoyez tous ces gens-là; je me charge de vous trouver de bons domestiques pour les remplacer.
Fáça ô quê lhê digo, despéça tôda éssa gênte, quê eû mê encarrégo dê lhê procurár criádos bôns quê â substituão.

Ah! que vous m'obligeriez en cela!
Ah! quão obrigádo lhê seria sê tál mê fizésse!

DIALOGUE 24. / DIÁLOGO 24.

Pour la comédie. / Dâ comédia.

Avez-vous été au spectacle hier?
Fói Vm. hôntem âo theátro?

Oui, monsieur; j'ai voulu voir la nouvelle pièce, dans laquelle devait débuter une actrice qui n'a encore paru sur aucun théâtre.
Sim senhôr, eû quiz vêr â nóva péça, nâ quâl representáva, péla priméira vêz, úma actriz.

Comment la trouvez-vous?
Ê quê mê díz d'élla?

Elle a beaucoup de grâce dans les
Têm múita gráça nôs géstos, ê justêza

gestes, beaucoup de justesse dans la déclamation, un physique fort agréable et un organe charmant.	nâ declamação; úma physionomía agradável, ê úma vóz incantadôra.
Que dites-vous de la comédie? A-t-elle réussi?	Còmo achôu Vm. â comédia? Fôi applaudída?
C'était un drame; il a été sifflé à la troisième scène du dernier acte.	Não éra comédia, éra úm drâma; levôu pateáda nâ tercêira scêna dô último ácto.
Pourquoi cela?	Ê â razão?
Il manquait d'ensemble, et l'intrigue était mal conduite.	Faltáva-lhe néxo, ê ô enrêdo éra defeituôso.
De manière qu'on n'a pas même attendu jusqu'au dénoûment?	Visto isso ô público não quíz esperár ô desfêcho?
Non, on l'avait deviné. Cependant on a rendu justice aux acteurs, qui généralement ont très-bien joué.	Não senhôr, ê assím devía sêr. Nô êm tânto ôs actóres tivérão appláusos; porquê representárão bem.
Cela est juste.	Ácho isso justo.
A l'exception d'un seul, qui a trop chargé son rôle.	Só úm foi patéádo pôr sobrecarregár múito ô sêu papél.
Il ne faut pas avoir d'indulgence envers de mauvais farceurs.	Bêm fêito: náda sê déve perdoár â charlatães.
A quel spectacle irons-nous ce soir?	Â quê theátro irêmos ésta nôite?
Nous irons, si vous voulez, à...	Sê lhê agráda, irêmos â...
Avez-vous déjà vu la nouvelle tragédie? On en fait beaucoup d'éloges.	Vío Vm. já â nóva tragédia? Elogíão-a múito.
Elle a été jouée avec applaudissement.	Applaudírão-a nâ representação.
Il y a déjà foule.	Há enchênte.
Prenons notre rang.	Tomêmos logár.
Je n'ai jamais vu la salle si pleine.	Núnca ví ô theátro tão chéio.
On lève la toile.	Érguem ô pânno.
L'orchestre est parfaitement conduit.	Â orchéstra é dirigída optimamênte.
Cet acteur a bien saisi son rôle.	Êste actôr desempênha bêm ô seu papél.
Il joue fort bien.	Êlle represênta côm múito acêrto.
Cette pièce est pleine d'intérêt.	Ésta péça é intéressantíssima.
Elle a ravi les spectateurs.	Élla enlevou ôs espectadôres.
Je crois qu'elle restera au théâtre.	Crêio quê permanecerá nô theátro.

On baisse la toile.
Sortons.

Báixão ô pànno.
Vámo-nos.

DIALOGUE 25.

De la chasse.

Y a-t-il bien du gibier dans ce bois?
Autrefois il y avait beaucoup de bêtes noires et de menu gibier, mais les braconniers en ont tué une grande partie.
Chargeons nos fusils.
Voilà un lièvre qui passe! faites-le poursuivre par les chiens! il se jette dans les guérets.
Le voilà qui se relance. Visons! tirons!
Je l'ai couché roide mort.
Moi, je l'ai manqué; mon fusil a raté.
Je vois une biche.
Laissez-la passer, ne l'inquiétez pas.
Si nous ne tuons rien, nous n'aurons pas de venaison. Je me flatte d'apporter à mon cuisinier au moins une hure de sanglier.
Renoncez à la haute venaison, nous avons déjà de la basse.
On dit qu'il y a beaucoup de perdrix cette année.
J'en ai tué plus de trente.
Avez-vous tué aussi des grives et des cailles.?
Quelques-unes, et en outre deux faisans, un canard sauvage, trois bécasses et une bécassine.
Voilà certainement une très-bonne chasse.

DIÁLOGO 25.

Dâ cáça.

Há múita cáça n'ésle bósque?
N'òutro têmpo contínha élle múita veação, ê cáça miúda; porêm ôs ladrões-dê-cáça destruírão quási túdo.
Carreguêmos âs espingárdas.
Lá pássa úma lébre! Lânce-lhe ôs cães! Cômo élla córre pêlos alquêives!
Eil-a quê sê érgue òutra vêz. Apontê-mol-a! Atiré-mos-lhe.
Estendí-a mórta.
E êu não, porquê â mínha espingárda errôu fôgo.
Véjo úma côrça.
Déixe-a ír; não lhê fáça mál.
Más, sê não matâmos náda; não terêmos veação. Êu deséjo levár âo mêu cuzinhêiro, pêlo mênos, úma cabêça dê javalí.
Déixe-se dê cáça gróssa; nós já têmos dâ inferiôr.
Dizem quê há múitas perdízes êste ânno.
Êu matêi máis dê trínta.
Matôu tâmbêm tórdos ê codorníces?
Algúmas, ê máis dôus phaisões, úm páto-brávo, três gallinhólas, ê úma narcêja.
Eis úma óptima caçáda!

DIALOGUE 26.

De la pêche.

Cet étang me paraît bien peuplé de poissons. Amusons-nous un peu à la pêche.
Je le veux bien.
Tenez, voilà une baguette et des hameçons.
Chut! voilà une perche superbe! Donnez-moi vite la ligne. Ah! la voilà! c'est une lamproie.
Vous vous trompez, c'est une grenouille! replongez-la dans l'eau.
Je ferais mieux peut-être de pêcher avec la nasse.
Essayez! Je désire que vous soyez plus heureux et plus adroit qu'un certain pêcheur, qui a pêché toute une journée sans rien pouvoir prendre.

DIÁLOGO 26.

Dâ Pésca.

Éste lágo parêce-mê bêm piscôso. Vâmos pescár pâra nôs divertír-mos.
Vâmos.
Aquí têm úma cânna, ê anzóes.
Silêncio! Èis úm béllo pêixe-pérsico! Dê-me â linha depréssa. Oh! é úma lampréia!
Não é tál, ê úma rã! Dêite-a ôutra vêz n'água.
Parêce-me melhór pescár êu cô' a nássa.
Experimênte. Desêjo quê sêja máis feliz ê habilidôso, quê cérto pescadôr, quê pescôu dêsde pêla manhã athé á nôite sêm apanhár côusa algúma.

DIALOGUE 27.

Avec un marchand de meubles.

Je viens voir vos meubles, j'ai un appartement à meubler.
Vous trouverez chez moi tout ce qu'il vous faudra.
Ce meuble de salon en damas cramoisi est-il complet?
Oui, monsieur; il consiste en six fauteuils, douze chaises, deux bergères, et un sopha.
Il ne m'a pas l'air frais.
Pardonnez-moi, il sort des mains de l'ouvrier.

DIÁLOGO 27.

Côm úm mercadôr-dê-móveis.

Vênho vêr ôs sêus móveis; quéro mobilár úm aposênto.
Aquí achará Vm. tôdos ô dê quê precisar.
Èsse tráste dê salão, côm damásco cramesim, ê completo?
Sím, senhôr, êlle cônsta dê sêis poltrônas, dôze cadêiras, dúas cadêiras-dê-bráços, ê úm sophá.
Não mê parêce nôvo.
Tál não díga: sáhe dâs mãos dô fabricânte.

Avez-vous des glaces?	Têm Vm. espêlhos?
De quel volume vous les faut-il?	Dê quê tamânho ôs quér?
Il me les faut à peu près de quatre pieds six pouces de large, sur sept de haut.	Dê quátro pés, sêis pollegádas dê lárgo, ê sétte d'altúra, pôuco máis ôu mênos.
Je passerai chez vous pour prendre la mesure.	Irêi á súa cása tomár â medída.
Il me faut aussi deux lits.	Tambêm quéro dôus lêitos.
Comment les voulez-vous?	Cômo ôs quér?
Je les choisirai moi-même.	Eú mêsmo ôs escolherêi.
N'avez-vous pas besoin de buffets, de chaises, de tabourets, de commodes, etc.	Vm. não precisa dê bufêtes, cadêiras, tamborêtes, cómmodas, etc.
Tout cela est bien nécessaire, mais on ne peut acheter tout à la fois.	Túdo ísso é múito necessário; mâs não pósso comprár túdo d'úma vêz.

DIALOGUE 28. — DIÁLOGO 28.

Avec un banquier. — Côm úm banquêiro.

J'ai l'honneur de vous présenter une lettre de change, tirée sur vous et endossée à mon ordre.	Têaho â hônra dê apresentár-lhe úma lêttra-dê-câmbio sacáda sôbre Vm., ê endossáda á mínha órdem.
Je ne puis l'accepter, vu que je n'ai ni avis ni fonds du tireur.	Não pósso aceitál-a, porquê índa não recebí avíso, nêm fúndos dâ párte dô sacadôr.
Elle n'est pas encore échue, elle est à usance.	Élla ainda não está vencída, é d'usânça.
Je reconnais bien la signature et le paraphe de mon correspondant; j'y ferai honneur le jour de l'échéance, y compris les jours de grâce, si d'ici à ce temps je reçois ses ordres.	Êu bêm conhêço â fírma, ê ô signâl dô mêu correspondênte; aceitál-â-hêi nô día dô vencimênto, inclúsos ôs días dê gráça, sê êu recebêr órdens súas athé êsse têmpo.
Dans ce cas, je n'ai pas besoin de la faire protester.	N'êsse cáso escúso dê fazêl-a protestár.
Vous pouvez lui épargner les frais du protêt.	Vm. póde evitár-lhe ôs gástos dô protésto.

Voulez-vous acquitter cette autre traite que voilà? Elle est payable à vue.	Quér Vm. acquitár est'ôutro sáque? É págo á vista.
Oui, je la payerai sur-le-champ; je vais vous compter la somme.	Sím, senhôr; vôu pagár-lhe immediataménte ô impórte.
Voudriez-vous avoir la bonté de me donner de la monnaie d'Angleterre pour ces louis?	Quér têr â bondáde dê dár-me moéda inglêza pôr êstes luízes?
Avec le plus grand plaisir.	Côm múito gôsto.

DIALOGUE 29.	DIÁLOGO 29.
Pour s'embarquer.	**Pâra embarcár.**
Capitaine, partez-vous pour la Martinique?	Senhôr capitão, párte pâra â Martinica?
Oui, monsieur.	Sím, senhôr.
Quand partez-vous?	Quândo parte?
Je me propose de partir demain.	Espéro partír ámanhã.
Avez-vous beaucoup de passagers?	Têm múitos passagêiros?
J'en ai déjà sept ou huit.	Já tênho séte ôu ôito.
Combien prenez-vous pour le passage?	Quânto péde pêla passágem?
Je prends...; c'est un prix fait.	Péço... É prêço fixo.
Où logez-vous?	Ônde está alojádo?
*Je loge à l'hôtel A***.*	Nâ hospedaría A...
Je sais où c'est. Je vous appellerai quand il en sera temps.	Séi ônde é. Êu o chamarêi quândo fôr têmpo.
Tenez-vous prêt.	Estêja prômpto.
Je serai prêt.	Estarei prômpto.
Monsieur, dépêchez-vous, je vais lever l'ancre.	Senhôr, avíe-se, porquê vôu erguêr âncora.
Avez-vous déjà appareillé?	Já Vm. apparelhôu?
Tout est arrangé, il ne me reste qu'à prendre un peu de lest; après cela, je profiterai du premier coup de vent favorable pour sortir du port.	Está túdo prômpto; só mê fálta tomár ûm pôuco dê lástro; ê, côm â priméira arágem favorável, sahirêi dô pôrto.
Ne craignez-vous pas les corsaires?	Vm. não téme ôs corsários?

Je me moque d'eux; mon vaisseau est armé en guerre, j'ai un équipage bien alerte et courageux, et je ne manque pas de munitions.	Zômbo d'élles; ô mêu navío é armádo êm guérra, tênho equipágem vigilânte ê animósa, ê âs munições não mê fáltão.
N'avez-vous jamais fait naufrage?	Vm. núnca naufragôu?
Cela m'est arrivé deux fois: la première fois sur la côte de Guinée, et la seconde fois au golfe de Bengale.	Naufraguêi dúas vêzes: â primêira sôbre â cósta dê Guiné, ê â segúnda nô gôlpho dê Bengála.

DIALOGUE 30.	DIÁLOGO 30.
Avec le jardinier.	**Côm ô jardinêiro.**
Que faites-vous là, François?	Francísco, quê fázes ahi?
J'arrose ce parterre de fleurs.	Régo êste cantéiro dê flôres.
Mangerai-je bientôt des prunes?	Quândo comerêi amêixas?
Ce n'est pas encore la saison; mais voici des pêches qui mûrissent à vue d'œil.	Inda não é tempo d'éllas; màs ôs damáscos brevemênte estarão madúros.
Il me tarde de manger des cerneaux; prenez garde de ne pas en laisser passer la saison.	Já mê tárda comêr nózes nóvas; tóma sentído, não déixes passár â estação.
Soyez tranquille, je vous abattrai des noix pendant que la coquille est encore verte.	Fíque descançádo; hêi-de colhêr-lh'as êm quânto tivérem â cásca bêm vêrde.
Mes artichauts viennent-ils?	Ê âs alcachófras médrão?
J'en ai un soin particulier, car je sais que vous aimez les fonds.	Tráto-as côm tôdo ô cuidádo, porquê sei quê Vm. gósta múito dê lhês comêr ô interiôr.
Nettoyez cette allée avec le rateau.	Límpa êsta aléa côm ô ancínho.
Il faut tailler les arbres.	É necessário podár âs árvores.
Il faudrait ôter ces mauvaises herbes.	É tirár éssas más hérvas.
Il faut semer ici du gazon.	È semeiár aquí rélva.
Faites poser ici un banc.	Mânda pôr aquí úm bânco.

DIALOGUE 31.	DIÁLOGO 31.
Des livres et de la lecture.	**Livros ê leitúra.**
Que lisez-vous là?	Quê está Vm. â lêr?
Un roman fort bien écrit, traduit de l'anglais, intitulé l'Indépendant.	Ûm romance múi bèm escrípto, tradu-zído dô inglêz, ê íntituládo *O Independênte.*
On est inondé aujourd'hui de ces sortes de brochures.	É incrìvel ô número quê há hôje dê semelhântes óbras.
Vous aimez beaucoup la lecture, à ce qu'il paraît?	Pêlo quê vêjo Vm. gósta múito dâ leitúra.
Cela m'est un délassement.	Élla sérve-me dê recrêio.
Vous avez là une bibliothèque très-considérable; c'est une preuve de votre amour pour les sciences.	Vm. têm úma livraría assás copiósa: é próva dê quê âma âs sciências.
J'ai beaucoup de livres que je ne lis pas, et que je ne fais que consulter.	Múitos dôs lívros, quê â compõem, não ôs lêio, ê só ôs consúlto quândo precíso.
Êtes-vous au courant de la belle littérature?	Está Vm. âo alcânce dâ bélla litteratúra?
Je crois avoir lu tout ce qui a quelque réputation.	Crêio têr já lído túdo quânto têm algúma vóga.
Je vois que vos livres sont presque tous reliés en maroquin, tranche dorée.	Quási tôdos ôs sêus lívros têem encadernação de marroquim, ê córte dourádo.
J'ai aussi des reliures en veau et en basane.	Tambem tênho algúns côm encadernação dê bezêrro, ôu carnêira.
Quel est donc ce vieux bouquin que je vois là?	Quê alfarrábio é aquêlle quê allí vêjo?
C'est un recueil de...	É úma collecção dê...
Je vous prierai de me le prêter quand j'irai me coucher.	Tênha â bondáde dê emprestár-m'o quândo êu fôr deitár-me.

DIALOGUE 32.

De la campagne.

Il faut que l'air de la campagne vous fasse du bien, mon ami; je vous trouve bonne mine.

Je me porte infiniment mieux depuis que j'ai quitté la ville pour me livrer à l'agriculture.

Vous ne pourrez pas manquer d'occupations. Vous avez une très-belle terre.

Tous ces champs que vous voyez là ont été négligés; il faut que je les fasse défricher et labourer.

La terre me paraît un peu sablonneuse, néanmoins on peut la faire rapporter; elle a besoin d'être fumée de temps en temps.

Voilà mon fermier qui laboure. Croyez-vous que la récolte sera bonne cette année?

Je l'espère; je ne crains que la grêle.

Dites-moi, monsieur, quand le temps est vilain, que faites-vous alors?

J'ai une bonne bibliothèque; je lis ou je joue aux cartes.

Il n'y a pas de doute que vous recevez la visite de bien des amis?

Je ne suis jamais seul, il en vient tous les jours.

DIÁLOGO 32.

Dô câmpo.

Mêu amígo, parêce-me quê Vm. sê dá bêm côm ô ár dô câmpo; porquê lhê vêjo melhór cára.

Assím é; gózo dê melhór saúde dês quê larguêi â cidâde pâra mê dár tôdo âos trabálhos ruráes.

Não lhê há-dê faltár quê fazêr: Vm. é senhôr d'úma excellênte térra, quê requér tôdo ô cuidádo.

Tódos êsses câmpos quê Vm. vê têem sído negligenciádos. Vôu mandál-os arroteár, ê lavrár.

Parêce-me quê â térra é algúm tânto areiênta; todavía póde vír â sêr fértil, sê â estrumárêm dê têmpo êm têmpo.

Acolá vêjo ô mêu casêiro â lavrár. Parêce-te quê â colhêita será bôa êste ânno?

Assím ô espéro, sê ô granízo não viér crestál-a.

Díga-mê, senhôr, quândo ô têmpo é máo, quê fáz Vm.?

Tênho úma bôa livraría; lêio, ôu jógo ás cártas.

É sêm dúvida quê ô visitão múitos amígos.

Núnca estôu só; pôis, tôdos ôs días, vêjo algúm.

DIALOGUE 33.	DIÁLOGO 33.
De l'écriture.	**Dâ escrípta.**
Donnez-moi une plume, de l'encre et du papier.	Dê-me úma pênna tínta ê papél.
Asseyez-vous auprès du bureau, vous y trouverez tout ce qu'il faut pour écrire.	Assênte-se júnto âo escriptório, ê lá achará túdo ô quê precísa.
Ce papier boit.	Êste papél é passênto.
En voilà d'autre. Ce sont sans doute des nouvelles agréables auxquelles vous vous proposez de répondre?	Aquí têm òutro. Vm. recebêu notícias agradáveis ê quér respondêr-lhes: não é assim?
Ce sont des lettres de commerce auxquelles j'ai à répondre. Vos plumes ont des dents et crachent.	Engâna-se: âs mínhas respóstas são â cártas commerciáes. Âs súas pênnas estão rachádas ê espírrão.
Comment les aimez-vous? Voulez-vous qu'elles soient fines ou grosses?	Cômo âs quér Vm.? Fínas òu gróssas?
Je les aime très-fines. N'avez-vous pas un canif? je vais me tailler une plume à ma main.	Múito fínas. Sê Vm. têm úm canivéte, dê-m'o quê êu apararêi úma â mêu gêito.
En voilà un, mais je crois qu'il faudra le repasser.	Tóme êste; màs parêce-me quê é necessário afiál-o.
Il me faudrait aussi des pains à cacheter ou de la cire d'Espagne et un cachet.	Tâmbem precíso obrêias, lácre, ê sinéte.
Dans ce tiroir, il y a de tout cela, plioir, règle, grattoir, sable, etc.	N'éssa gavêta achará Vm. fáca-dê-marfim, régra, raspadêira, aréia, etc.
*Je vais la plier, la mettre sous enveloppe, et écrire l'adresse. Voilà qui est fait. Quand part la poste pour N***?*	Vòu dobrár â cárta, fechál-a, ê pôr-lhe ô sobrescrípto. Acabêi. Quândo párte ô corrêio pâra N***?
Il faut que les lettres soient remises avant midi.	É necessário quê âs cártas estêjão nô corrêio ântes dô mêio-día.
Voici le facteur, je vais la lui remettre.	Êis ô cartêiro: vòu dár-lhe â mínha cárta.

DIALOGUE 34.	DIÁLOGO 34.
Le logement.	**O aposênto.**
Avez-vous des chambres à louer?	Têm quártos â alugár?
Oui, monsieur, j'en ai plusieurs. Quelles chambres désirez-vous?	Tènho, sím senhôr. Quê quártos quér?
J'ai besoin de chambres meublées. Il me faudrait deux chambres à coucher, avec une salle et une cuisine.	Quéro-os côm trástes. Precíso dúas alcôvas, úma sála ê cuzínha.
Je puis vous accommoder. Donnez-vous la peine d'entrer; je vais vous faire voir les chambres. Voici la salle.	Pósso satisfazêl-o. Tênha â bondáde d'entrár: vôu mostrár-lhe ôs quártos. Êis â sála.
Elle n'est pas très-grande, mais elle peut faire mon affaire.	É algúm tânto pequêna; mâs, emfím, póde passár.
Vous voyez qu'il y a tout ce qu'il faut, et que les meubles en sont très-propres. Voici deux fauteuils, six chaises, un tapis tout neuf, une belle glace, et des rideaux très-propres; de plus, il y a des armoires aux deux côtés de la cheminée.	Vm. bêm vê quê lhê não fálta náda, ê quê ôs móveis são aceiádos. Aquí estão dôus canapés, sêis cadêiras, úm tapété nôvo, úm bello espêlho, ê cortínas decêntes: â chaminé têm úm armário êm cáda ládo.
Oui, madame, il y a tout ce qui est nécessaire. Quel est le prix de cet appartement au mois?	Sim, senhôra, ê é ô quê mê básta. Quânto péde pôr êste aposênto câda mêz?
Le prix est de cent-soixante francs.	Cênto ê sessênta frâncos (25,600 r.).
C'est bien: je viendrai coucher ici ce soir.	Múito bêm: cá virêi dormír ésta nôite.
Cela suffit, monsieur.	Sêja assím, mêu senhôr.

DIALOGUE 35.	DIÁLOGO 35.
Avec un libraire.	**Côm úm livrêiro.**
Qu'y a-t-il de nouveau en littérature?	Quê há dê nôvo êm litteratúra?

Pas grand'chose; il ne paraît rien de marquant.	Pôuco ôu náda: não apparêce óbra dê vúlto.
Cependant on imprime beaucoup.	Entretânto â imprênsa não descânça.
Cela est vrai; mais qu'imprime-t-on? Des journaux, des pamphlets, et autres pièces éphémères: voilà tout.	Assím é; màs quê imprimem hôje? Gazetas, folhêtos satyricos, ôu ôutras péças ephémeras; ê náda máis.
Mais pourquoi, vous autres libraires, ne faites-vous pas imprimer de bons ouvrages?	Màs Vmm. senhôres livrêiros, porquê não mândão estampár bôas óbras?
Il y a une bonne raison à cela, c'est que nous ne saurions les vendre. Le goût actuel du public est dépravé; on ne lit que pour s'amuser, et non pour s'instruire.	À razão é clára; é porquê âs não vendêmos. Hôje ô público têm ô gosto depraváde; pôucas são âs pessôas quê búscão instrucção nâ leitúra; âs máis d'éllas búscão recrêio.
Cependant les gens de lettres, qui cultivent les arts et les sciences, ne peuvent se passer de livres.	Todavía ôs litterátos quê cultívão ártes ê sciências não pódem deixár dê têr lívros.
Peu de savants sont assez fortunés pour pouvoir satisfaire leur goût pour la littérature.	São ráros ôs sábios côm sufficiêntes pósses pâra comprárem ôs lívros necessários â sêus estúdos.
Quel est le prix de cette belle édition de Shakspeare?	Quânto cústa ésta bonita edição dê Shakspéare?
Cent-cinquante francs.	Cênto ê cincoênta frâncos (24,000 r.).
Avez-vous trouvé le Buffon que je vous ai demandé?	Vm. achôu ô Buffôn quê lhê pedí?
Je n'ai pu me procurer que l'édition in-dix-huit, qui est enrichie de figures supérieurement enluminées.	Sô achêi â edição êm desóito, adornáda côm figúras superiormênte illumináda.
Quand comptez-vous publier votre nouveau catalogue?	Quândo publíca. Vm ô sêu nóvo catálogo?
Il paraîtra au plus tard vers la fin du mois.	Sahirá â lúz lá pâra ô fím d'éste mêz.
Songez qu'il m'en faut un exemplaire.	Lêmbre-se dê quê preciso úm exemplár.
Vous serez servi un des premiers	Sirvil-ô-hêi úm dôs primêiros.

DIALOGUE 36.

Avec le dentiste.

J'ai mal aux dents.
Est-ce une fluxion, ou avez-vous une dent gâtée?
Je crois que c'est une dent gâtée; voulez-vous examiner ma bouche?
Vous avez une dent gâtée; voulez-vous que je l'arrache?
Je ne puis m'y décider, cela fait trop de mal.
Votre dent est absolument cariée; si vous la laissez, elle gâtera les autres.
Dans ce cas, arrachez-la.
Je vous nettoierai aussi la bouche, et vous aurez soin de l'entretenir propre, pour conserver l'émail des dents; je vous donnerai un opiat pour affermir les gencives.
Je vous remercie; je préfère le moyen le plus simple, qui est de se rincer la bouche avec de l'eau ou un peu d'eau-de-vie.

DIÁLOGO 36.

Côm ô dentísta.

Doêm-me ôs dêntes.
Têm Vm. úma deflluxão ôu úm dênte pôdre?
Pênso quê é úm dênte pôdre. Quér Vm. examinár-me â bôca?
Vm. têm úm dênte pôdre: quér quê lh'ô tire?
Não mê pósso decidír â ísso; porquê â dôr é grânde.
Ô sêu dênte está dê tôdo cariádo; ê, sê ô dêixa, estragará ôs ôutros.
Então arrânque-o.
Limpár-lhê-hêi também â bôca; Vm. cuidará êm conservál-a límpa, â fím quê ô esmálte dôs dêntes sê consérve: dár-lhê-hêi úma opiáta pâra fortificár âs gengívas.
Agradêço-lhe; prefíro ô enxaguár â bôca côm água, ôu úma pôuca d'aguardênte.

DIALOGUE 37.

Avec un joaillier.

Monsieur, montrez-moi d'abord quelques bagues montées en pierres fines.
Voilà un diamant qui a beaucoup d'éclat, il est de la plus belle eau.

DIÁLOGO 37.

Côm úm lapidário.

Senhôr, móstre-me, primeiramênte, algúns annéis côm pédras fínas.
Éis úm diamânte côm múito brílho, êlle é lindíssimo.

Cette bague me plairait beaucoup, mais elle est trop grande pour moi.	Agráda-me múito êste annél; màs é múito lárgo pâra mím.
Je voudrais avoir une chaîne d'or pour ma montre, la mienne n'est plus de mode.	Êu descjára comprár úma cadêia d'ôuro pâra ô mêu relójio; porquê â quê tênho já não é dê móda.
Je puis la prendre en échange; vous ne perdrez que la façon.	Tomár-lh'â-hêi êm tróca. Vm. só perderá ô feitío.
Montrez-moi des boucles d'oreilles.	Móstre-me algúns brincos.
En voici dont le travail est d'une délicatesse achevée.	Vêja èstes quê são fêitos primorosamênte.
Je voudrais faire graver mon chiffre sur ce cachet.	Êu quéro mandár gravár â mínha cífra n'êste sinête.
Je le donnerai au plus habile graveur.	Dál-â-hêi âo máis hábil gravadôr.
Montrez-moi quelques épingles d'un nouveau goût.	Móstre-me algúns alfinêtes dè bôm gôsto.
Voici une flèche montée en brillants.	Êis úma sétta guarnecída dè brilhàntes.
Cette topaze entourée de perles me plaira davantage.	Êste topázio cercádo dê pérolas agrádame máis.

DIALOGUE 38. / DIÁLOGO 38.

Avec un tapissier. / Côm úm tapecêiro.

Il me faut deux lits.	Precíso dôus lêitos.
Comment les voulez-vous?	Cômo ôs quér.
Très-simples. Les bois de lit en noyer et les rideaux d'indienne.	Ordinarios; fêitos dè páu dè noguêira è côm cortínas dè xíta.
Voulez-vous des courtes-pointes et des couvre-pieds?	Quér Vm. côlchas è cobertasínhas pâra ôs pés?
Je veux des couvertures de laine commune.	Quéro cobértas dê lã commúns.
Combien voulez-vous de matelas?	Quântos colchões precísa?
Il faut pour chaque lit deux matelas de crin ou de laine.	São necessários pâra câda lêito dôus colchões dè lã ôu dè crína.
Je désirerais avoir une commode.	Móstre-me úma cómmoda.

En voici plusieurs avec le prix marqué sur chacune.	Êis bastântes côm ô prêço marcádo êm câda úma.
Je m'en tiendrai à celle-ci.	Comprarêi ésta.
Maintenant que je voie vos tapis	Vejâ-mos agóra ôs sêus tapêtes.
En voici de toutes les sortes.	Aquí ôs têm dê tôda â sórte.
Je prendrai celui-ci.	Ficarêi côm êste.

DIALOGUE 39.	DIÁLOGO 39.
Avec la blanchisseuse.	**Côm â lavadêira.**
J'ai du linge à faire blanchir. Voici la note; voyez si le compte y est.	Tênho rôupa çújа. Tóme ô ról ê vêja sê ácha â côntа jústa.
Non, monsieur, il y manque un gilet.	Não, Senhôr, fálta úm colête.
Le voilà sur la chaise.	Acolá está sôbre aquélla cadêira.
Que cela soit bien blanchi, bien savonné, et les chemises coulées à la lessive.	Ensabôe-me ê láve bêm à mínha rôupa, ê às camisas pásse-as pêla barréla.
Vous pouvez en être sûr; je ne fais jamais autrement.	Tênha éssa certêza; pôis núnca ô fáço dê ôutro módo.
Vous plisserez mes chemises.	Fáça prégas nâs camísas.
Ne mettez point d'empois à mes gilets, et repassez-les.	Não pônha gômma nôs colêtes, ê pásse-os âo férro.
Cela suffit; vous aurez votre linge dans huit jours.	Básta. Dêntro êm ôito días terá â súa rôupa.
Monsieur, voici votre linge.	Senhôr, êis-aquí â súa rôupa.
Apportez-vous votre mémoire?	Tráz ô ról?
Oui, monsieur.	Sím, senhôr.
Je vais compter mon linge.	Vôu contár â mínha rôupa.
Deux paires de draps, etc.	Dôus páres dê lençóes, etc.
Voilà un mouchoir qui n'est pas à moi.	Êste lênço não mê pertênce.
Revenez la semaine prochaine.	Vólte pâra â semâna quê vêm.

DIALOGUE 40.	DIÁLOGO 40.
Pour nager.	**Pâra nadár.**
Il fait bien chaud.	Fáz múita cálma.
Allons nager.	Vâmos nadár.
J'aime mieux regarder les nageurs que de nager moi-même.	Gósto máis dê vêr ôs nadadôres dô quê nadár,
Monsieur, nage-t-il bien?	Ô senhôr náda bém?
Il nage comme un poisson.	Náda cômo ûm péixe.
Je nage sur du liége. Il est dangereux de nager avec des vessies, parce qu'elles peuvent crever.	Êu nádo côm bóias dê cortíça. É perigôso nadár côm bexígas; porquê pódem rebentár.
Je nage sur le ventre, sur le dos, et entre deux eaux; je sais aussi plonger.	Êu nádo dê brúços, de cóstas, ê êntre dúas águas. Tambêm sêi mergulhár.
Je ne suis pas aussi habile que vous.	Não sôu tão hábil cômo Vm.
Je ne fais que de commencer. Je vais à l'école de natation.	Êu apênas comêço; pôis vôu á escóla dê nadação.
Rien n'est plus aisé que de nager; il ne s'agit que de n'avoir pas peur.	Ô nadar é fácil; básta não têr mêdo.
Vous allez me donner une leçon, et vous verrez ce que je sais faire.	Vm. vái dár-me úma lição, ê verá ô quê sêi fazêr.
Déshabillons-nous.	Vâmo-nos despír.
L'eau est excellente, elle est très-chaude.	Â água está excellênte: está quentíssima.
Il est plus agréable de se baigner en pleine eau que dans une baignoire.	É máis agradável ô tomár bânhos êm água corrênte dô quê êm tína.
Le temps se couvre, il éclaire; je crois que nous allons avoir de l'orage.	Ô têmpo embrúsca-se; relampêia; créio quê vâmos têr trovoáda.
Sortons de l'eau au plus vite.	Saiâmos já dâ água.

DIALOGUE. 41.	DIÁLOGO 41.
Chez un restaurateur.	**Êm úma cása-dê-pásto.**
Allons dîner.	Vâmos jantár.
Entrons chez un restaurateur.	Entrêmos êm algúm restauradôr.
Garçon, la carte.	Servênte, ô ról.
Que mangerez-vous, messieurs?	Quê querem comêr, senhôres?
Donnez un potage au riz.	Tráz-nos sôpa d'arrôz.
Je prendrai un vermicelle.	Ê, pâra mím, dê aletría.
Je vous sers à l'instant.	Êu ôs sirvo já.
Quel vin désirez-vous?	Quê vínho quérem?
Du vin de Bourgogne.	Dê Borgônha.
Donnez-nous du bœuf aux pommes de terre et un bifteck à l'anglaise.	Dá-nos váca com batátas, ê úm biftéak á inglêza.
Que demanderez-vous ensuite?	Quê máis quérem?
Une poularde.	Úma frânga.
Comment trouvez-vous cette cuisine?	Còmo ácha ô cuzinhádo?
Fort bonne.	Excellênte.
Apportez-nous une salade.	Tráz-nos saláda.
Que prendrez-vous pour dessert?	Quê quérem pára sobremêsa?
Donnez-nous du fromage de Hollande et des pruneaux.	Tráz-nos quêijo framêngo; ê amêixas-passádas.
Je prendrai un verre d'eau-de-vie aux cerises.	Beberêi úm copínho d'aguardênte dê gínjas.
Maintenant il s'agit de payer.	Agóra é necessário pagár.
Messieurs, n'oubliez pas le garçon.	Senhôres, não esquéção ô servênte.

DIALOGUE 42.	DIÁLOGO 42.
Dans un café.	**Êm úma lója-dê-bebídas.**
Entrons dans ce café.	Entrêmos n'ésta lója-dê-bebídas.
Que voulez-vous, messieurs? des glaces, de la limonade?	Quê quérem, senhôres, regêlos, limonáda?
Donnez-nous de la bière.	Dá-nos cervêja.

Cette bière est fort bonne.	Ésta cervêja é múito bôa.
Elle ne mousse pas beaucoup.	Élla não escúma múito.
C'est qu'elle est nouvelle.	É pôr sêr nóva.
La bière est aussi bonne quand il fait chaud, que le café et le punch quand il fait froid.	Tão bôa é â cervêja quando fáz cálma, cômo ô café ê ô pôuche quândo fáz frío.
Le café est bon en tout temps.	Ô café é bôm êm tôdo ô têmpo.
C'est avec cela que je déjeune ordinairement.	Élle é ô mêu almôço usuál.
Moi, je déjeûne avec du chocolat au lait.	Pôis êu tómo chocoláte côm léite.
Voulez-vous prendre quelque liqueur?	Quér bebêr algúm liquôr?
Non, monsieur, cela m'échaufferait trop: je prendrai volontiers un verre d'orgeat ou de sorbet.	Não, senhôr, êlle m'esquentaría múito: tomaréi ântes úm cópo dê orxáta ou sorvête.
Et moi aussi.	È êu tambêm.
Continuons notre promenade.	Continuêmos ô nósso passéio.
J'ai payé au garçon.	Èu paguêi âo servênte.

DIALOGUE 43. — DIÁLOGO 43.

De la langue française. — Dâ língua francêza.

Vous étudiez?	Vm. estúda?
Oui, monsieur, j'essaie de traduire de français en portugais.	Sím, senhôr, estôu vêndo sê pósso traduzír dê francêz êm portuguêz.
Vous apprenez donc le français? Vous faites bien. La langue française nous devient tous les jours plus nécessaire. Quels livres avez-vous là?	Ah! Vm. aprênde ô francêz! Fáz múito bêm. Â língua tórna-se-nos, câda día, mâis nêcessária. Quê lívros são êsses quê ahí têm?
C'est une grammaire et un vocabulaire.	É úma grammática ê úm vocabulário.
Savez-vous déjà les principales règles de la grammaire?	Já Vm. sábe âs principáes régras dâ grammática?
Je me suis appliqué à les apprendre par cœur.	Sím, senhôr, aprendí-as dê cór.
Quel ouvrage traduisez-vous là?	Que óbra está traduzíndo?

C'est un recueil de pièces choisies en prose.	Uma collecção dê péças escolhídas êm prósa.
Vous ne lisez pas encore les poëtes?	Vm. ìnda não lê ôs poétas?
Les poëmes sont encore trop difficiles pour moi.	Não, senhòr, porquê mê cústa múito â intendêl-os.
Vous composez sans doute aussi de petits discours en français?	É provável quê já Vm. compônha algúm discursozínho êm francêz.
Pas encore, je ne fais que quelques thèmes.	Èu, pôr óra, só fáco thêmas.
Parlez-vous souvent français?	Fálla algúmas vêzes francêz?
Quelquefois, quoique je l'écorche encore.	Sím, senhòr, màs ímperfeitamênte.
Vous plaisantez; vous vous exprimez bien.	Não díga tál. Vm. já ô fálla bêm.

LETTRES FAMILIÈRES.

CARTAS FAMILIARES.

Boileau à Racine.

Je ne saurais, mon cher monsieur, vous exprimer ma surprise; et quoique j'eusse les plus grandes espérances du monde, je ne laissais pas encore de me défier de la fortune de M. le Doyen. C'est vous qui avez tout fait, puisque c'est à vous que nous devons l'heureuse protection de Mme de Maintenon. Tout mon embarras est de savoir comment je m'acquitterai de tant d'obligations que je vous ai.

Adieu, mon cher monsieur, croyez qu'il n'y a personne qui vous aime plus sincèrement, ni par plus de raisons que moi.

Boileau a Racine.

Caro senhor, não pósso exprimir-lhe a minha surpreza; e, bem que grandes esperanças me alentassem, não deixava, por isso, de receiar a fortuna do senhor Deão. Fez Vm. tudo; pois lhe devemos o honroso patrocinio da senhora Maintenon. O que me embaraça é saber como desempenharei as muitas obrigações, que a Vm. devo.

Adeos, meu querido senhor; tenha a certeza que ninguem, por tantos motivos, o ama tão sinceramente como eu.

Fénélon à Mme la Marquise de Lambert.

Je devais déjà beaucoup, madame, à M. de Sacy, puisqu'il m'avait procuré la lecture d'un excellent écrit; mais la dette est bien augmentée depuis qu'il m'a attiré

Fenelon á senhora Marqueza Lambert.

Senhora, eu já devia muito ao senhor Sacy, visto ter-me elle facilitado a leitura d'um excellente escripto; mas essa divida medrou mais, dès que elle me attrahio a carta com a qual V. Ex. me

la très-obligeante lettre que vous m'avez fait l'honneur de m'écrire. Ne pourrais-je point enfin, madame, vous devoir à vous-même la lecture du second ouvrage? Outre que le premier le fait désirer fortement, je serais ravi de recevoir cette marque des bontés que vous voulez bien me promettre.

C'est avec le respect le plus sincère que je suis parfaitement, et pour toujours, votre, etc.

honrou. Acaso não poderei, senhora, dever a V. Ex. a leitura da segunda obra? Além de que a primeira infunde grande desejo d'essa leitura, eu gostosissimo ficaria recebendo esta prova da bondade que V. Ex. me promette.

Sou, com sincero respeito, perfeitamente, e para sempre, seu etc.

Racine à M. Vitart.

Mon oncle, qui veut traiter son évêque dans un grand appareil, est allé à Avignon pour acheter ce qu'on ne pourrait trouver ici, et il m'a laissé la charge de pourvoir cependant à toutes choses. J'ai de fort beaux emplois, comme vous voyez, et je sais quelque chose de plus que de manger ma soupe, puisque je la sais faire apprêter. J'ai appris ce qu'il faut donner au premier, au second et au troisième service, les entremets qu'il y faut mêler, et encore quelque chose de plus; car nous prétendons faire un festin à quatre services, sans compter le dessert.

Adieu, mon cher monsieur, etc.

Racine ao Senhor Vitart.

Como meu tio quer tratar esplendidamente o seu bispo, foi a Avinhão comprar o que aqui se não acha, deixando-me o cargo de prover a tudo. Eu, como Vm. vê, exerço optimos empregos; e sei mais do que comer a sopa; pois não ignoro o adubo que lhe convem. Conheço igualmente o que devo dar na primeira, segunda, e terceira coberta; os pratos-do-meio de que ellas hão-de constar; e mesmo alguma cousa mais; porque esperâmos dar um banquetaço com quatro cobertas, não inclusa a sobremesa.

Adeos, caro senhor, etc.

Mme de Simiane à M. D*.**

On me dit hier au soir que vous aviez une place de conseiller d'honneur dans le Parlement. Je vous en fais mon compliment, monsieur. C'est à vous à y mettre une juste valeur, et à la proportionner à cet objet. Il me semble que cette place vous était due de droit, et que cet événement est des plus simples; mais je veux bien que vous sachiez que, depuis les plus petites jusqu'aux plus grandes choses, tout ce qui vous regarde me touche et m'intéresse infiniment.

A Senhora Simiana ao Senhor D*.**

Disserão-me hontem á noite que V. S. fôra nomeiado conselheiro honorario no parlamento; do que dou a V. S. os parabens. Compete a V. S. avalial-os justamente, proporcionando-os ao seu objecto. Parece-me todavia que V. S. tinha juz a esse logar; e eu avalio, por conseguinte, simplicissima essa nomeação. Só desejo que V. S. se persuada que, dês as menores até ás maiores cousas, tudo quanto a V. S. é relativo, toca-me e interessa-me summamente.

Fontenelle au roi de Pologne Stanislas.

Sire,

Jugez de ma reconnaissance de la grâce que Votre Majesté m'a faite en m'accordant une place dans son académie de Nancy, par l'idée que j'en ai! Je me crois dans le même cas que si l'empereur Marc-Aurèle m'avait admis dans une compagnie qu'il eût pris soin d'établir et de former lui-même.

Fontenelle a el-rei de Polonia Estanisláo.

Senhor,

Avalie a minha gratidão á graça que Vossa Magestade me fez, concedendo-me um logar na sua academia de Nancy, pela ideia que d'ella fórmo! Vejo-me no mesmo caso como se o imperador Marco Aurelio me admittisse em uma companhia por elle proprio organizada.

Mme de Sévigné à sa fille.

*Je vous écris tous les jours : c'est une joie qui me rend très-favorable à tous ceux qui me demandent des lettres. Ils veulent en avoir pour paraître devant vous, et moi je ne demande pas mieux. Celle-ci vous sera rendue par M. D***. Je veux mourir si je sais son nom ; mais enfin c'est un fort honnête homme, qui me paraît avoir de l'esprit, et que nous avons vu ici ensemble.*

A Senhora Sevigné á sua filha.

Todos os dias te escrevo : esta alegria volve-me propicia ás pessoas que me pedem cartas para irem vêr-te, e isso agrada-me infinito. Entregar-te-há esta o senhor D*** : não sei como se chama ; mas é sujeito honrado e de talento. Parece-me que ja aqui o vimos n'outra occasião.

Voltaire à M. d'Alembert.

Mon très-cher philosophe, on m'engage à vous prier de faire donner à M. l'abbé d'Espagnac la charge de panégyriste de Saint-Louis pour l'année prochaine. Si vous le pouvez, vous ferez une bonne action, dont je vous serai très-obligé.

Voltaire ao Senhor d'Alembert.

Carissimo philosopho, pedem-me rogue a Vm. mande dar ao senhor abbade Espagnac o cargo de panegyrista de San' Luís para o anno que vem. Se Vm. o podér fazer, obrará uma boa acção ; da qual ficar-lhe-hei summamente agradecido.

La Mothe à la duchesse du Maine.

Madame, j'ai une plainte à vous faire. Si heureux qu'on puisse être, on n'a pas toutes ses aises dans ce

La Motha á duqueza do Meno.

Senhora, uma queixa tenho a fazer-lhe. Por mais felizes que possâmos ser, não temos cabal satisfação cá no mundo. As

monde. Vos lettres sont trop courtes. Vous avez joué à merveille tous les sentiments; il n'y a que leur babil que vous n'avez pas attrapé, etc.

cartas de V. Ex. são curtissimas. V. E. representou maravilhosamente todos os sentimentos, menos a sua loquela.

Rousseau à M. Boulet.

Avec un seul ami comme vous, monsieur, on serait toujours tranquille, si la reconnaissance excluait la confusion. La mienne augmente, à la vue de vos bontés. Il est vrai qu'ayant actuellement, pour me servir, trois ou quatre personnes qu'il faut nourrir et payer, j'avais besoin de secours; mais je n'avais besoin que du quart de ce que vous m'envoyez. Je suis beaucoup mieux, mais j'ai vu ma vie ne tenir qu'à un filet aussi mince que l'attachement aux billevesées de ce monde. Il y a un moment, monsieur, où toute chimère disparaît, et au bonheur duquel on doit se contenter de travailler.

Rousseou ao Senhor Boulet.

Com um unico amigo, como Vm., qualquer sujeito estaria sempre socegado, se a gratidão excluisse a vergonha; e a minha augmenta á vista das bondades de Vm. Certo é que, servindo-me, actualmente tres ou quatro pessoas, e sendo eu obrigado a sustental-as, e a pagar-lhes, carecia achega; mas bastava-me a quarta parte do que Vm. me enviou. Acho-me muito melhor; pôrem vi minha vida pendente d'um fio tão delgado, qual o apêgo aos mundanos nonadas. Um instante chega, senhor, em que as chimeras desapparecem; momento a cuja ventura trabalhar devêmos.

Fléchier à Mme du Roure.

Plus j'avais d'impatience, madame, à vous faire mon compliment sur votre mariage, plus j'ai de plaisir à vous le faire aujourd'hui. Le ciel semblait, depuis plusieurs années, vous chercher ou vous préparer un époux qui fût

Flechier á Senhora Roure.

Se eu muito me impacientava, senhora, em fazer-lhe um comprimento á cêrca do seu consorcio, mais gôsto sinto hoje em mandar-lh'o. Muitos annos há que o ceo parecia buscal-a, ou preparar-lhe esposo digno de Vm. Elle deu-lh'o, e Vm. a elle; assim, a ventura, é igual

digne de vous. Il vous a donné à lui: le bonheur est égal de part et d'autre. Jugez de quelles bénédictions sera suivie l'union de deux cœurs bien assortis!

em ambas as partes. Oh! julgue Vm. de quaes bençãos será seguida a união de duas almas tão bem sorteadas!

Mme de Maintenon à son frère.

J'ai montré au Roi ce que vous m'avez écrit sur son accident; il l'a reçu comme vous pouvez le désirer. Il quitte l'écharpe aujourd'hui, et est, grâce à Dieu, en parfaite santé.

Voici la réponse de M. Pelletier, qui vous renvoie votre lettre, à cause de Monseigneur, qui n'en veut recevoir de personne. Il montre une sagesse et une modération admirables, et tout le monde est ravi de le voir où il est; jamais choix n'a été plus approuvé. Nous verrons si la prospérité le gâtera.

Réjouissez-vous, mon cher frère, mais innocemment. Songeons à l'autre vie, et préparons-nous à y passer avec le plus de confiance que nous pourrons.

A Senhora Maintenon a seu irmão.

Mostrei a al-rei o que me escreveste á cêrca do seu accidente; e a recepção foi qual tu desejas. Elle deixa hoje a atadura; e, graças Deos, goza perfeita saúde.

Eis a resposta do senhor Pelletier, o qual te reenvia a carta, que mandaste; visto que Monsenhor não quer receber nenhuma. Elle patenteia sisudez e moderação admiraveis, e todos estão contentissimos de o vêrem onde se acha. Escolha foi essa approvadissima: verêmos se a prosperidade o estraga.

Diverte-te, caro irmão; mas innocentemente. Pensemos na outra vida; e preparemo-nos a ella com quanta confiança poder-mos.

Montesquieu à l'abbé Nicolini.

Permettez, mon cher abbé, que je me rappelle à votre amitié. Je vous recommande M. de La Condamine. Je ne vous dirai rien, sinon qu'il est de mes amis. Sa grande célébrité vous dira d'autres choses, et sa présence vous dira le reste. Mon cher abbé, je vous aimerai jusqu'à la mort.

Montesquieu ao abbade Nicolini.

Permitta, caro abbade, me encommende á sua amizade, recommendando-lhe o senhor Condamine. Nada, á cêrca d'elle, lhe direi, salvo que é amigo meu; mas sua celebridade dirá a Vm. outras cousas, e, sua presença, o resto. Querido abbade conte com o meu affecto até á morte.

ANECDOTES.

ANECDOTAS.

Siward, duc de Northumberland, étant fort malade, crut qu'il était indigne de son courage d'attendre la mort dans un lit; il voulut mourir les armes à la main. Comme il sentit approcher sa dernière heure, il commanda à ses gens de l'armer de toutes pièces, et se fit mettre dans un fauteuil, en tenant l'épée nue. Il défiait la mort en rodomont.

Achando-se Siward, duque de Northumberland, muito doente, assentou lá com sigo menoscabar sua valentia morrendo na cama. Quiz pois dar a ultima boqueada com as armas na mão; e ordenando aos seus criados o armassem até á dentuça, elles pozerão-o em uma poltrona, na qual, esgrimindo a catana, desafiava a morte como um rodomonte.

Cuttler, homme très-riche et très-avare, voyageait ordinairement à cheval, et seul, pour éviter toute dépense. Le soir, en arrivant à l'auberge, il feignait d'être indisposé, afin qu'on ne lui servît point à souper. Il ordonnait au valet d'écurie d'apporter dans sa chambre un peu de paille, pour mettre dans ses bottes; il faisait bassiner son lit, et se couchait. Lorsque le domestique s'était retiré, il se relevait, et avec la paille de ses bottes, et la chandelle qu'on lui avait laissée, il faisait un petit feu où il grillait un hareng qu'il tirait de sa poche. Il avait toujours la précaution de se munir d'un morceau de pain et de se faire monter une bouteille d'eau, et il soupait ainsi à peu de frais.

Cuttler, homem riquissimo e avarissimo, viajava, commummente, a cavallo e sósinho, para forrar gastos. Quando chegava, já de noite, á estalajem, fingia um achaque, para não ceiar; e ordenava ao moço da cavalhariça lhe trouxece ao quarto uma pouca de palha para metter nas botas: isso feito, mandava aquentar a cama e deitava-se; mas, apenas o criado descia a escada, erguia-se; ecom a palha das botas, e a véla que lhe ficara, fazia uma fogueirinha, na qual assava um arenque-de-fumo, que extrahia da algibeira. Elle cuidava sempre em munir-se d'um motreco de pão, e subir uma garrafa d'agua; e ceiava assim quasi de graça.

Un aveugle cacha cinq cents écus dans un coin de son jardin; mais un voisin, qui s'en aperçut, les déterra et les prit. L'aveugle, ne trouvant plus son argent, soupçonna celui qui pouvait l'avoir dérobé. Comment s'y prendre pour le ravoir? Il alla trouver son voisin, et lui dit qu'il venait lui demander un conseil; qu'il avait mille écus, dont la moitié était cachée dans un lieu sûr, et qu'il ne savait s'il devait mettre le reste au même endroit. Le voisin le lui conseilla, et se hâta de reporter les cinq cents écus, dans l'espérance d'en retirer bientôt mille. Mais l'aveugle, ayant retrouvé son argent, s'en saisit, et appelant son voisin, il lui dit: «Compère, l'aveugle a vu plus clair que celui qui a deux yeux.»

Um cego escondeu quinhentos escudos n'um canto do seu quintal; mas certo visinho, que o bispou, desenterrou-os, e ficou com elles. O ceguinho achando que essa chelpa fizera víspere, suspeitou quem era o ratoneiro. Tratava-se porém de recobral-a. Dirige-se pois ao visinho e díz-lhe: — «Venho pedir-lhe um conselho; tenho mil escudòs; escondi metade em sítio seguro, e não sei se devo pôr a outra no mesmo logar.» O vísinbo aconselhou lhe que assim o fizesse: e foi logo lançar os quinhentos escudos na cova, esperando empolgar os outros quinhentos; mas o cego tendo achado o seu dinheiro, deitou-lhe a unha; e chamando o visinho, disse-lhe sorrindo-se: — «Compadre, eu, que sou cego, vi mais, do que Vm que tem olhos.

Un homme se présenta à un magistrat qui avait une bibliothèque considérable. «Que faites-vous?» lui demanda le magistrat. «Je fais des livres,» répondit-il. «Mais aucun de vos livres ne m'est encore parvenu. — Je le crois bien, répondit l'auteur; je ne fais rien pour Paris. Dès qu'un de mes ouvrages est imprimé, j'en envoie l'édition en Amérique; je ne compose que pour les colonies.»

Certo individuo apresentou-se a um magistrado, que tinha uma copiosissima bibliotheca, e o qual lhe perguntou: — «Que faz Vm.? — «Eu, senhor, respodeu-lhe o sujeito, escrevo livros.» — «Mas, acode o magistrado, inda não vi nenhum.» — «Oh! exclama a author, não se admire d'isso V. S.: eu nada componho para París. Apenas alguma obra minha sahe do prélo, envio toda a edição á America. Eu só trabalho para as colonias.»

La république de Gênes, ayant osé braver Louis XIV, fut forcée d'envoyer en France, pour faire des excuses au monarque, le doge, accompagné de quatre sénateurs, ce qui était sans exemple. On fit voir à ce doge Versailles dans tout son éclat; on lui demanda ensuite ce qui l'avait le plus frappé dans ce lieu enchanté: « C'est de m'y voir, » répondit-il.

Tendo a republica Genoveza ousado ameaçar Luis XIV, foi obrigada a enviar á França o doge, acompanhado de quatro senatores (cousa nunca acontecida), a fim de desculpar-se com esse monarcha. Mostrárão ao tal doge o sumptuoso Versalhes, perguntando-lhe o que mais o maravilhava n'este sitio incantador: —« É vêr-me n'elle », responde e doge.

Un borgne gageait contre un homme qui avait bonne vue qu'il voyait plus que lui. Le pari est accepté. « J'ai gagné, dit le borgne; car je vous vois deux yeux, et vous ne m'en voyez qu'un.»

Certo individuo cego d'um olho apostou, contra outro de boa vista, que via mais que elle. A aposta foi aceita.—« Ganhei, brada o torto; pois eu vejo dous olhos em Vm., e Vm. só me vê um.»

Un seigneur anglais était dans son lit, cruellement tourmenté de la goutte, lorsqu'on lui annonça un prétendu médecin qui avait un remède sûr contre ce mal. « Ce docteur est-il venu en carrosse ou à pied? » demanda le lord. « A pied, » lui répondit le domestique. « Eh bien, répliqua le malade, va dire à ce fripon de s'en retourner; car, s'il avait le remède dont il se vante, il roulerait carrosse à six chevaux, et j'aurais été le chercher moi-même et lui offrir la moitié de mon bien pour être délivré de mon mal.»

Um senhor inglez estava na cama cruelmente atormentado pela gota, eis lhe annuncião um supposto medico, que possuía certo remedio infallivel contra o dito mal.—« Esse doctor, pergunta o lord, veio a pé ou em carruagem?»—« A pé, volve-lhe o criado.» — « Então, acrescenta o doente, vai já dizer a esse velhaco que ponha os quartos na rua, pois se elle tivesse o remedio, de que se gaba, andaria em coche tirado por seis urcos, e eu mesmo fôra á sua casa offerecer-lhe metade dos meus bens, para me vêr livre de tão negregada molestia.»

L'acteur Dominique, se trouvant à un souper de Louis XIV, avait les yeux fixés sur un certain plat de perdrix. Ce prince, qui s'en aperçut, dit à l'officier qui desservait: « Qu'on donne ce plat à Dominique. — Quoi, sire! et les perdrix aussi? » Le roi, qui entra dans la pensée de Dominique, reprit: « Et les perdrix aussi. » Ainsi Dominique, par cette demande adroite, eut, avec les perdrix, le plat, qui était d'or.

Achando-se presente o actor Domingos a uma ceia de Luis XIV, comia com os olhos certo prato de perdizes. Notando isso el-rei, disse ao trinchante: — « Dê esse prato a Domingos. » — « E tambem as perdizes, senhor? » pergunta-lhe Domingos. » O monarcha, que percebeu a ideia d'esse comico, repetio: — « E tambem as perdizes. » Assim Domingos, usando de labia, alcançou, com as perdizes, um prato d'ouro.

Un premier acteur de l'Opéra étant tombé malade au moment d'une nouvelle représentation, on choisit, pour le remplacer, un acteur subalterne. Celui-ci chanta, et fut sifflé; mais, sans se déconcerter, il regarda fixement le parterre et lui dit: « Je ne vous conçois pas; et devez-vous imaginer que, pour six cent livres que je reçois par année, j'irai vous donner une voix de mille écus? »

Adoecendo um primeiro actor da Ópera, quando devia ter logar uma nova representação de certa peça, os histriões escolhêrão, para substituil-o, um representante subalterno: o qual, ao cantarolar, foi pateado; mas, sem perder a tramontana, ficta a plateia, e envia-lhe a seguinte phrase: — « Meus senhores, não os intendo; Vmm. querem que, por seiscentos francos annuaes, que ganho, lhes dê uma voz de tres mil? »

Une duchesse accusée de magie étant interrogée par un commissaire extrêmement laid, celui-ci lui demanda si elle avait vu le diable. « Oui, monsieur, je l'ai vu, lui répondit la duchesse, et il vous ressemblait comme deux gouttes d'eau. »

Certa, duqueza accusada de bruxaria, sendo interrogada por um commissario cuja cara era horrendissima, perguntou-lhe este, se vira o diabo. — « O' lá se vi, respondeu-lhe a fidalga; e por signal, que se parecia tanto com Vm., como um ovo com outro. »

Un petit maître frisé, parfumé et couvert d'or, avait mené à l'église, pour se marier, une coquette au teint luisant. Le curé, ayant considéré un moment ce couple défiguré, lui dit : « Or çà, avant de prononcer le conjungo, *avouez-moi, crainte de* quiproquo, *qui de vous deux est l'épousée ? »*

Un taful com trunfa apolvilhada, mui douradinho e rescalando pivetes, conduzio á igreja, para com ella casar, uma namoradeira mui arribicada. O cura, tendo corrido com o luzio esse garrido par, diz-lhe : — « Antes d'eu articular o *conjungo* e para evitar um *quiproquo*, digão-me qual de Vmm. é a noiva. »

On avait dit à un religieux, prêt à s'embarquer sur mer : « Ne désespérez de rien dans une tempête, tant que les matelots jureront et blasphémeront; mais, s'ils s'embrassent, s'ils se demandent pardon réciproquement, tremblez. » Ce religieux ne fut pas plutôt en pleine mer, qu'il s'éleva une tempête. Le bon père, inquiet, envoyait de temps en temps un frère de son ordre à l'écoutille, afin qu'il lui rapportât les discours des matelots. « Ah! mon Dieu, mon père, tout est perdu, lui vint dire le frère ; ces malheureux font des imprécations horribles, vous frémiriez de les entendre ; leurs blasphêmes seuls sont capables de faire périr le vaisseau. — Dieu soit loué, dit le père! allez, tout ira bien. »

Um sujeito disse a certo religioso antes d'embarcar : — « Não perca animo n'uma borrasca, em quanto os marujos praguejarem e blasphemarem; mas, se os vir abraçarem-se, e pedirem reciprocos perdões, oh então tema e trema Vossa Reverencia! » Esse frade (apenas o navio sulca o mar alto) é assaltado por um furioso temporal. Então, assustadissimo, manda um leigo, da sua ordem, á escotilha para ouvir a palestra marinhesca; mas elle vólta logo; e, benzendo-se co'a mão toda, diz ao Reverendo : — « Oh carissimo padre, estâmos perdidos! Esses malvados vomitão imprecações horriveis. Se Vossa Paternidade as ouvisse, arripiar-se-lhe-hia a carne. Ellas são bem capazes de afundir esta embarcação. » — « Louvado seja Deos! exclama o religioso! Não há perigo. »

Un voyageur, qu'un orage avait transi de froid, arrive dans une hôtellerie de campagne, et la trouve si remplie de monde, qu'il

Um viajante, a quem uma tempestade trespassara de frio, chega a uma locanda no campo; mas acha-a tão cheia de gente, que não póde acercar-se á

ne peut approcher de la cheminée. « Que l'on porte à mon cheval une cloyère d'huîtres, » dit-il à l'hôte. « A votre cheval! s'écrie celui-ci. Croyez-vous qu'il veuille en manger? — Faites ce que j'ordonne, » réplique le gentilhomme. A ces mots, tous les assistants volent à l'écurie, et notre voyageur se chauffe. « Monsieur, dit l'hôte en revenant, je l'aurais gagé sur ma tête : le cheval n'en veut pas. — En ce cas, reprend le voyageur, qui s'était bien chauffé, il faut donc que je les mange. »

chaminé. — «Levem ao meu cavallo um cesto des ostras, » diz elle ao vendeiro. — «Ao seu cavallo! exclama este; e crê Vm. que elle as coma?» — «Faça o que lhe ordeno retorquio o gentilhomem.» Ao ouvirem esta phrase, todos os assistentes correm á estrebaria, e o nosso viajor aquenta-se. — « Senhor, disse o estalajadeiro, quando voltou a cousa é clara) o seu cavallo não quer ostras. » — « Pois então (accrescenta o viajante já bem quente) eu vou comêl-as. »

Un ministre protestant, fort colérique, expliquait à des enfants le Pentateuque; il en était à l'article Balaam. *Un jeune garçon se mit à rire. Le ministre, indigné, gronda, menaça, et s'efforça de prouver qu'un âne pouvait parler, surtout quand il voyait devant lui un ange armé d'une épée. Le petit garçon n'en riait que plus fort. Le ministre s'emporta, et donna un coup de pied à l'enfant, qui lui dit en pleurant : « Ah! je conviens que l'âne de Balaam parlait, mais il ne ruait pas.»*

Um clerigo protestante, mui colerico, explicava a alguns pingas nacos do Pentateuco; chegando porêm ao artigo *Balaam.* Um rapazinho entrou a rir. Agastado o clerigo, rosna, ameaça e dezunha-se em provar que um burro podia fallar, mórmente vendo ante si um anjo com uma espada. O cachopo ria cada vez mais; thé que zangado o clerigo dá-lhe um pontapé. Então o criançο choramigando, diz-lhe : — «Sim senhor; convenho em que o jumento de Balaam fallava, mas não despedia coucces.»

Un certain cavalier, noble comme le roi catholique et comme le Pape, mais gueux comme Job, était arrivé de nuit dans un village de France

Um tal cavalheiro, nobre como el-rei catholico, e o Papa; mas lazeira como Job, arriba, á meia-noite, a uma aldeia de França, que só tinha um hos-

où il n'y avait qu'une seule hôtellerie. Comme il était plus de minuit, il frappa longtemps à la porte de cette hôtellerie avant de pouvoir réveiller l'hôte; à la fin, il le fit lever, à force de tintamarre. « Qui est là? » cria l'hôte par la fenêtre. « C'est, dit l'Espagnol, don Juan-Pedro-Hernandez-Rodriguez de Villa-Nova, conde de Badajoz, caballero de San-Iago y d'Alcantara. » L'hôte lui répondit aussitôt en fermant la fenêtre: « Monsieur, je suis fâché, mais nous n'avons pas assez de chambres pour loger tous ces messieurs. »

tao. Eil-o que lhe bate muito tempo á porta sem que o hospede acorde. Emfim, este ergue-se estremunhado ao estrondo das argoladas: — « Quem é? berra o vendeiro lá da janella. — « Abra, abra, acode o Hespanhol; eu sou D. João-Pedro-Fernandez-Rodriguez de Villa-Nova, conde de Badajoz, cavalheiro de Sant'-Yago e d'Alcantara. » O estalajadeiro, quando isto ouvio, fechou a janella, dizendo: — « Vossa Excellencia póde continuar sua jornada; porque eu não tenho sufficientes quartos para receber tantos fidalgos. »

Un jeune homme auquel Corneille avait accordé sa fille en mariage étant, par l'état de ses affaires, obligé d'y renoncer, vient le matin chez le père pour retirer sa parole, perce jusque dans son cabinet, et lui expose les motifs de sa conduite. « Eh! monsieur, réplique Corneille, ne pouvez-vous, sans m'interrompre, parler de tout cela à ma femme? Montez chez elle; je n'entends rien à toutes ces affaires. »

Certo mancebinho, a quem Cornelio concedêra sua filha para esposa; mas cujos negocios o obrigavão a renunciar este consorcio, veio a casa d'esse poeta, a fim de retirar sua palavra. Eil-o que se lhe introduz no gabinete, e expõe-lhe os motivos de seu proceder. — « Vm. excusava vir interromper-me, diz-lhe Cornelio, devia expôr tudo isso á minha mulher. Suba pois ao seu quarto, porque eu sou leigo em materias casamenteiras. »

Deux amis qui depuis longtemps ne s'étaient vus se rencontrèrent par hasard. « Comment te portes-tu? dit l'un. — Pas trop bien, dit l'autre, et je me suis marié depuis que

Dous amigos que dês-de muito têmpo se não tinhão visto, encontrárão-se casualmente: — « Como estás de saúde? pergunta um. » — « Não muito bem, responde o outro: casei. » — « Óptima noticia! » —

je t'ai vu.» — « Bonne nouvelle!» — « Pas tout à fait, car j'ai épousé une méchante femme.» — « Tant pis!» — « Pas trop tant pis; car sa dot était de deux mille louis.» — Eh bien, cela console.» — « Pas absolument; car j'ai employé cette somme en moutons, qui sont tous morts de la clavelée.» — « Cela est en vérité bien fâcheux!» — « Pas si fâcheux, car la vente de leurs peaux m'a rapporté au delà du prix des moutons.» — « En ce cas, vous voilà donc indemnisé?» — « Pas tout à fait, car ma maison, où j'avais déposé mon argent, vient d'être consumée par les flammes.» — « Oh! voilà un grand malheur!» — « Pas si grand non plus, car ma femme et ma maison ont brûlé ensemble.»

«Não óptima; pois recebi uma fêmea endiabrada.» — «Tanto peior.» — «Não assim, porque me trouxe em dote dous mil luizes.» — « Bella somma! isso consola.» — «Não cabalmente, porque a gastei em carneiros, que todos espichárão de morrinha.» — « É pena!» — «Não é; pois suas pelles renderão-me mais.» — «Então ficaste indemnisado?» — «Não de todo, porque o meu domicilio, que continha esse dinheiro, ficou reduzido a cinzas.» — «Oh que grande desgraça!» — «Não foi grande; pois a senhora minha mulher e a casa ardêrão juntamente.»

Un homme de la cour, étant fort malade et chargé de dettes, disait à son confesseur, que la seule grâce qu'il avait à demander à Dieu était qu'il lui plût de prolonger sa vie jusqu'à ce qu'il eût payé tout ce qu'il devait. — « Ce motif est si bon, répond le confesseur, qu'il y a lieu d'espérer que Dieu exaucera votre prière.» — « Si Dieu me faisait cette grâce, répondit le malade, je serais assuré de ne mourir jamais.»

Certo aulico crivado de dividas, achando-se doentissimo, disse ao seu confessor: — «A unica graça que peço a Deos é me dilate a vida té eu pagar o que devo.» — «É tão bom esse motivo, responde o confessor, que o Altissimo não deixará de satisfazel-o.» — «Ah meu padre! exclama o enfermo, se assim fôr, serei immortal!»

Une maîtresse, qui était à dîner, gronda sa servante de ce qu'elle n'avait pas employé assez de beurre.

Certa senhora, quando jantava, ralhou com uma criada, por não ter deitado bastante manteiga n'uma iguaria. Des-

Cette fille, pour s'excuser, apporta un petit chat dans sa main, et dit qu'elle venait de le prendre sur le fait, achevant de manger les deux livres de beurre qui restaient. La maîtresse prit aussitôt le chat, le mit sur des balances; il ne pesait qu'une livre et demie.

culpou-se a rapariga, trazendo-lhe um gatinho, e dizendo o apanhara acabando de gramar os dous arrateis de manteiga que restavão. A dama empolga o gato; lança-o n'umas balanças; e este animalejo apenas pesava libra-e-meia!

Une cabaretière ne manquait pas de dire à ses garçons, en parlant de ceux qui buvaient chez elle: —« Dès que vous entendrez ces messieurs chanter en chœur, donnez-leur le vin de moindre qualité. »

Uma taberneira nunca esquecia dizer aos seus moços, quando alguns devotos de Baccho vinhão á sua bodega rociar os gorgomilos: — « Rapazes, quando esses senhores cantarem juntos, zurrâpa com elles. »

Un paysan qui passait à Paris, sur le pont au Change, n'apercevait point de marchandises dans plusieurs boutiques. La curiosité le prend, il s'approche d'un bureau de change: —« Monsieur, demanda-t-il d'un air niais, dites-moi ce que vous vendez. » Le changeur crut qu'il pouvait se divertir du personnage: —« Je vends, lui répondit-il, des têtes d'ânes.» — « Ma foi, lui répliqua le paysan, vous en faites un grand débit, car il n'en reste plus qu'une dans votre boutique. »

Certo labrego passando, em París, pela Ponte-do-Cambio, e não vendo fazenda em algumas lojas, quiz, esporeado pela curiosidade, saber a causa d'isso. Eil-o pois que se dirige a um cambista e inquire-lhe, em ar de piegas: — « Oh! senhor, que vende Vm.? » Esse sujeito julgando matraquear o rustico, volve-lhe mui pausado e concho: — « Vendo cabeças de burros. » — « Na verdade, acode o camponio, Vm. vende-as bem; pois só uma lhe resta na loja. »

Le sophiste Zenon, le plus hardi de tous les hommes à soutenir des paradoxes, niait un jour, devant

O sophista Zenon, um dos mais despejados humanos em sustentar paradoxos, negava, em certa occasião, na

Diogène, l'existence du mouvement. Celui-ci se mit aussitôt à faire deux ou trois tours dans l'auditoire.

presença de Diogenes, a existencia do movimento O que ouvido pelo cynico, entra logo a cabriolar, e a correr diante dos ouvintes.

Le commandeur Forbin de Janson, étant à un repas avec le célèbre Boileau, entreprit de le turlupiner sur son nom : — « Quel nom, dit-il, portez-vous là? Boileau: *j'aimerais bien mieux m'appeler* Boivin. » *Ce poëte lui répondit sur le même ton : — « Et vous, monsieur, quel nom avez-vous choisi?* Janson ; *je préférerais d'être nommé* Jean-Farine. *La farine ne vaut-elle pas mieux que le son?* »

Achando-se o commendador Forbin de Janson, com o célebre Boileau (Bebe-agua) n'um banquetaço, quiz chasqual-o ácêrca do seu nome—«Oh! que nome lhe pozerão? *Boileau*, eu preferira *Boivin* (Bebê-vinho).» O poeta motejando-o igualmente, responde-lhe: — «E Vm. para que escolheu *Janson* (João-farelo)? Eu quizera me chamassem antes *João-Farinha.* Ora diga-me a farinha não é melhor que a sêmea? »

Santeuil, après avoir lu une de ses hymnes à deux amis, s'écria du ton d'un énergumène : — « Voilà ce qui s'appelle des vers! Virgile et Horace s'imaginaient que personne, après eux, n'oserait composer des vers dans leur langue. Il est certain que ces deux princes de la poésie latine, après avoir coupé, pour ainsi dire, l'orange en deux, et l'avoir pressée, l'ont jetée; mais moi j'ai couru après l'orange, en criant à haute voix : Attendez, poëte de Mantoue, et vous, favori de Mécenas, attendez; j'en veux faire des zestes.»

Santeuil ao acabar de lêr um hymno seu a dous amigos, exclama, qual um energumeno:—« Isto, isto é que são versos! Virgilio e Horacio cuidavão que, depois d'elles, ninguem ousaria compor versos em seu idioma? Certo é que esses dous principes da poesia latina, havendo cortado (por assim dizer), em duas metades, a laranja, espremêrão-a, e lançarão-a fóra; mas eu corri atraz d'ella, gritando: — « Esperem, esperem senhor vate mantuano, e Vm. senhor valido de Mecenas, eu quero fazel-a em casquinhas. »

Un seigneur de la cour, grand railleur de son naturel, s'avisa d'arrêter un vieux courtisan, et de lui demander ce que signifiaient ces trois mots : faribole, obole, *et* parabole. *Le courtisan qu'il agaçait, et qui avait bec et ongles, lui répondit sans hésiter :* «Faribole, *c'est ce que vous dites,* obole, *c'est ce que vous valez, et* parabole, *c'est ce que nous n'entendons ni vous ni moi.* »

Certo fidalgo, refinadissimo escarnicador, endereçou-se a um canuto cortezão, e perguntou-lhe o que significavão as tres palavras *frioleira, obolo, parabola.* O provocado aulico, que era prompto de mãos e lingua, atira-lhe logo á cara co'a seguinte replica : — *Frioleira* é o que V. S. *diz, obolo* é o que V. S. vale, e *parabola,* é o que nem V. S., nem eu, intendemos. »

Alexandre alla voir travailler Apelles dans son atelier, et s'avisa de parler peinture. Comme il s'en acquittait fort mal, le peintre lui dit tout en souriant : «Taisez-vous, seigneur, vous faites rire les garçons qui broyent mes couleurs. »

Indo um dia Alexandre á officina d'Apelles para o vêr trabalhar, deu-lhe na cabeça discorrer á cêrca da pintura; mas Appelles disse-lhe sorrindo-se : — « Oh senhor! cale-se; olhe que os rapazes, que me moem as tintas, estão rindo do que Vossa Magestade exprime. »

Un médecin octogénaire jouissait d'une santé inaltérable. Ses amis lui en faisaient compliment tous les jours : « Monsieur le docteur, lui lui disaient-ils, vous êtes un homme admirable. Que faites-vous donc pour vous porter si bien ? — Je vais vous le dire, messieurs, leur répondait-il, et je vous exhorte en même temps à suivre mon exemple. Je vis du produit de mes ordonnances, sans prendre aucun des remèdes que j'ordonne à mes malades. »

Um medico octogenario gozava inalteravel saúde; e seus amigos davão-lhe êmboras a esse respeito. — «Ah senhor doctor! dizião-lhe, Vm. é um homem admiravel. Ora diga-nos que faz para andar são como um pêro? — Eu lh'o declaro, respondeu elle (e até os exhorto a imitarem-me) : vivo do producto dos meus *recipes;* mas não tómo nenhum dos remedios que aos doentes prescrevo. »

Deux beaux esprits de profession, tous deux grands philosophes et disputeurs échauffés, dînaient chez un maréchal de France qui, content d'être bon guerrier, ne se piquait point du toul d'être savant. Au milieu du repas, voilà mes philosophes aux prises; ils commencent à s'animer l'un contre l'autre, et le prendre sur un ton qui sortait des bornes d'une dissertation. Le maréchal, voyant que la dispute allait dégénérer en querelle, imposa silence aux deux beaux esprits, en leur disant brusquement: « Morbleu! messieurs, allez vous promener avec vos disputes; voulez-vous me donner un ridicule dans le monde? On dira qu'on a parlé chez moi de philosophie!»

Dous ingenhos de profissão, ambos philosophos de truz, e encarniçadissimos disputantes, jantavão certo dia no palacio d'um marechal de França; o qual, satisfeito de ser bom guerreiro, não arrotava sabença. Lá no meio do banquete, eis os senhores philosophos ás lãs; e, de tal modo, que transpunhão as balizas d'uma dissertação. Vendo o marechal que esse debate degeneraria em rixa, fechou o bico aos competidores dizendo-lhes d'estalo: — «Irra! senhores! vão bugiar co'as suas disputas. Vmm. querem que a gente me ridiculize? Dirão que se fallou, em minha casa, de philosophia!»

Jean II, roi de Portugal, prenait son parti sur-le-champ. Il y avait à sa cour des ambassadeurs castillans, venus pour traiter de la paix. Comme ils tiraient en longueur la négociation, il leur donna deux papiers sur l'un desquels il avait écrit paix, *et sur l'autre* guerre, *en leur disant: «Choisissez.»*

João II, rei de Portugal, foi decisivo. Achando-se em sua côrte dous embaixadores castelhanos, para tratarem da paz, e vendo o monarcha lusitano que elles dilatavão a negociação, entregou-lhes dous papeis, em um dos quaes estava escripto *paz*, e no outro *guerra*, dizendo-lhes: — «Escolhão.»

J'aime la réponse que fit un ambassadeur de Venise à un empereur qui, pour se moquer du lion ailé qui fait les armes de cette république, lui demanda dans quel endroit

Oh quanto me regala a resposta que deu um ambaixador de Veneza a certo imperante que, para zombar do leão alado, que constitue as armas d'essa republica, lhe inquirio, um dia, em que sitio

du monde on trouvait des lions ailés tels que ceux qu'on voit dans les armoiries de l'État vénitien. «On les trouve, répondit l'ambassadeur, dans le même pays où l'on voit des aigles à deux têtes.»

do terraqueo globo se deparavão leões aligeros, quaes se notão na armaría do estado veneziano? – «Achão-se, respondeu o embaixador, no mesmo paiz onde se encontrão aguias com duas cabeças.»

Un jeune homme avait fait des vers latins qu'il montra à un demi-savant. Celui-ci était d'un goût difficile; il fut choqué du mot posthac, *et prétendit qu'il était prosaïque. L'auteur soutint qu'il était poétique, et qu'il avait un bon garant de ce qu'il disait. Le censeur opiniâtre, s'échauffant là-dessus, taxa le garant d'ignorance; à quoi le jeune homme répondit par ce vers de Virgile:*

Efficiam posthac *ne quemquam voce lacessas*

Tendo um adolescente composto versos latinos, mostrou-os a certo semi-docto perluxissimo. Arranhou-lhe o ouvido o termo *posthac*, e tachou-o de prosaico. O mancebo affirmou ser poetico, e que s'escorava em bom author. O teimoso Aristarco, embespinhado, disse que o tal author era um ignorante; mas o mancebo arrumou-lhe ás ventas o seguinte verso de Virgilio:

Efficiam *posthac* ne quemquam voce lacessas.

Un paysan se confessait à son curé d'avoir volé un mouton à un fermier de son voisinage. « Mon ami, lui dit le confesseur, il faut restituer, ou vous n'aurez point l'absolution. — Mais, reprit le villageois, je l'ai mangé. — Tant pis, vraiment, tant pis, lui dit le pasteur; vous serez le partage du diable; car, dans la grande vallée où nous paraîtrons aux yeux de Dieu, tout

Confessava-se um labrego ao seu parocho ácêrca d'um borrego que furtara a certo abegão visinho seu. — «É necessario restituir-lh'o, aliás não te absolvo.» — «Como ha-de isso ser, se o gramei?» — «Tanto peior, tanto peior; empolgar-te-há o diabo; pois no valle de Josaphat, em presença do Altissimo, até o carneiro fallará contra ti. — Oh senhor padre! se o cordeiro lá se ha-de achar, então restituil-o-hei facilmente: não te-

parlera contre vous, jusqu'au mouton. — Quoi! répliqua le paysan, le mouton se trouvera dans ce lieu-là? J'en suis bien aise; la restitution sera donc facile, puisque je n'aurai qu'à dire au fermier: Voisin, reprenez votre mouton.»

nho mais do que dizer ao caseiro: — «Visinho, tome o seu borrego.»

Le poëte Scarron, étant près de mourir, dit à ses domestiques, qui fondaient en pleurs autour de son lit: «Mes enfants, vous avez beau verser des larmes, vous ne pleurerez pas autant que je vous ai fait rire.»

O poeta Scarron, pouco antes de morrer, disse a seus criados, que se debulhavão em lagrymas junto ao seu leito: — «Meus filhos, vós não chorareis tanto como eu vos fiz rir.»

Un mendiant, à Madrid, sollicitait la compassion d'un passant. «Vous êtes jeune et fort, lui dit cet homme; il vaudrait mieux travailler que de vous livrer au métier que vous faites. — C'est de l'argent que je vous demande, reprit aussitôt le fier mendiant, et non pas des conseils.»

Certo farroupilha pedindo, em Madrid, esmola a um sujeito, este respondeu-lhe: — «Tu és môço, e melhor fôra trabalhasses, que exercer tão vergonhoso mister.» — «Meu senhor, acudio o orgulhoso mendigo; eu peço-lhe dinheiro, não lhe peço conselhos.

Un astrologue ayant prédit la mort d'une femme que Louis XI aimait, et le hasard ayant justifié sa prédiction, le roi fit venir l'astrologue: «Toi qui prévois tout, lui dit-il, quand mourras-tu?» L'astrologue averti, ou soupçonnant

Certo astrologo havendo predicto a morte d'uma senhora, que Luis XI amava, e o acaso tendo justificado esse vaticinio, el-rei mandou chamar o astrologo: — «Ora tu que prevês tudo, disse-lhe, quando morrerás?» Avisado ou suspeitoso o astrologo de que esse

que ce prince lui tendait un piége, lui dit: « Je mourrai trois jours avant Votre Majesté. » La crainte et la superstition du roi l'emportèrent sur le ressentiment; il prit un soin particulier de cet adroit imposteur.

monarcha lhe armava um laço respondeu-lhe: — « Eu, senhor, morrerei tres dias antes de Vossa Majestade. » A superstição d'el-rei sabrepujou-lhe o resentimento; até tomou particular cuidado d'esse refinado impostor.

Louis XI ayant rencontré un jour Miles d'Ilières, évêque de Chartres, monté sur une mule magnifiquement enharnachée: « Ce n'est pas en équipage, lui dit-il, que marchaient les évêques du temps passé; ils se contentaient d'un âne ou d'une ânesse, qu'ils conduisaient par le licol. — Cela est vrai, sire, répondit l'évêque; mais cela était bon du temps que les rois n'avaient qu'une houlette, et gardaient les troupeaux. »

Certo dia Luis XI, ao encontrar Miles d'Iliers, bispo de Chartres, montado em uma mula magnificamente ajaezada, disse-lhe: — « Os bispos não caminhavão assim outrora; bastava-lhes um jumento ou jumenta, que guiavão pela arriata. » — « Eis a verdade, senhor, volveu-lhe o bispo; mas isso era bom no tempo em que os rêis empunhavão cajado pastorando rebanhos. »

Un soldat romain avait un procès, il pria Auguste de le protéger; l'empereur lui donna un de ses courtisans pour le conduire chez les juges. Le soldat fut assez hardi pour dire à Auguste: « Je n'en ai pas, seigneur, usé de la sorte à votre égard, quand vous étiez en péril dans la bataille d'Actium; moi-même j'ai combattu pour vous. » En disant ces mots, il découvrit les blessures qu'il avait reçues. Ce reproche toucha tellement Auguste, qu'il alla lui-même au barreau défendre ce soldat.

Certo soldado romano, que tinha uma demanda, pedio a Augusto o apadrinhasse. Esse imperante ordenou a um aulico conduzisse o guerreiro á morada dos juizes; porêm este atreveu-se a dizer a Augusto: — « Eu não obrei assim para com Vossa Magestade, quando correu perigo na batalha d'Accio: combati pessoalmente por Vossa Magestade. » E mostrou-lhe as feridas que lá recebêra. Doeu-se tanto Augusto d'esta exprobração, que elle mesmo foi ao tribunal defender esse militar. »

Le pape Léon X reçut des mains d'un alchimiste un livre dont l'épître dédicatoire lui était adressée. Dès qu'il l'eut ouvert, il vit qu'il avait pour titre : la vraie manière de faire de l'or. *Il donna ordre qu'on lui apportât aussitôt une bourse vide, dont il fit présent à l'alchimiste, en lui disant : « Puisque vous faites de l'or, il ne vous manque qu'un endroit pour le mettre. »*

Entregou certo alchimista ao papa Leão X um livro cuja epistola dedicatoria lhe era endereçada. Ao abril-o vio que se intitulava : —*Verdadeiro modo de fazer ouro.* — Mandou então o pontifice que lhe trouxessem uma bolsa vasia, com a qual mimoseou o alchimista, dizendo-lhe : — «Já que Vm. faz ouro, só lhe falta onde o guarde. »

Un homme qui mangeait autant que six se présenta devant Henri IV, dans l'espérance que ce roi lui donnerait de quoi entretenir un si grand talent. Ce prince, qui avait déjà entendu palrer de cet illustre mangeur, lui demanda si ce qu'on disait de lui était vrai, qu'il mangeait autant que six. « Oui, sire, » répondit-il. « Et tu travailles à proportion ? » continua le Roi. « Sire, répliqua-t-il, je travaille autant qu'un autre de ma force et de mon âge. — Ventre-saint-gris ! dit le Roi, si j'avais six hommes comme toi dans mon royaume, je les ferais pendre ; de tels coquins l'auraient bientôt affamé. »

Um homem que comia tanto como seis, apresentou-se ante Henrique IV, esperançado em que este lhe daria com que cevar-se mais á rasga. Como el-rei já tinha ouvido fallar d'esse illustre lambaz, perguntou-lhe se era certo comer elle tanto como seis ? » — « É senhor, volveu-lhe.» — E tu trabalhas á proporção ? » continuou o monarcha. — «Eu trabalho como outro homem da minha fôrça e idade. » — «Apage ! brada el-rei, se o meu reino contivesse seis comilões como tu, mandava-os enforcar, para preserval-o da fome.»

Le plus vertueux des païens, Socrate, fut accusé d'impiété, et immolé à la fureur de l'envie et du fanatisme. Lorsqu'on lui rapporta qu'il avait été condamné à mort par

Socrates, pagão virtuosissimo, foi accusado por impio, sendo victima da inveja e fanatismo. Ao declararem-lhe que os Athenienses o tinhão condemnado á morte, disse : — «E elles o são pela na-

les Athéniens : « Et eux, dit-il, le sont par la nature. — Mais c'est injustement !» s'écria sa femme. «Voudrais-tu, reprit-il, que ce fût justement ?»

tura.» — «Mas essa condemnação é injusta, grita sua mulher.» — «E tu quizeras, replicou elle, que fôsse justa?»

Une patrouille rencontra pendant la nuit un individu qui portait une grosse bouteille de vin. Lui ayant demandé ce qu'il avait sous son manteau, il répondit en plaisantant : «Un poignard. — Nous voulons le voir,» reprirent les autres. Notre homme présentant aussitôt sa bouteille, ceux-ci s'en emparèrent et la lui rendirent vide en disant : «Tiens, comme tu es de nos amis, nous te faisons grâce du fourreau.»

Uma patrulha encontrou de noite certo individuo, que levava uma bojuda garrafa de vinho, e perguntando-lhe o que tinha sob o capote, respondeu-lhe, gracejando : — « Tenho um punhal. » — « Mostra-o cá, bradão. » Então esse marmelo, dando-lhes a botelha, elles esgotão-a ; e, entregando-a depois a seu dono, dizem-lhe : — «Como tu és nosso amigo, entregámos-te a bainha.»

Un juge ayant ordonné à des gendarmes d'arrêter un criminel, celui-ci, conduit en sa présence, fut assez éhonté pour lui dire qu'il ressemblait à Pilate. Le juge lui répondit : « En condamnant un aussi grand coquin que toi, je n'aurai pas du moins à m'en laver les mains.»

Certo juiz havendo ordenado aos gendarmas engalfinhassem um criminoso ; este individuo teve a audacia de dizer-lhe na cara : — «Vm. parece-se com Pilatos.» — «Ao menos respondeu-lhe o juiz, condemnando eu um tão grande patife, qual tu és, não preciso lavar as mãos.»

Un jour Platon se promenant à la campagne avec quelques-uns de ses amis, ils lui firent voir Diogène qui était dans l'eau jusqu'au menton. La superficie de l'eau était ge-

Passeiando um dia pelo campo, com alguns amigos, o philosopho Platão, elles mostrárão-lhe Diogenes, embebido n'agua té á barba. A superficie d'essa agua estava gelada, menos o buraco que

lée, à la réserve du trou que Diogène s'était fait. «Ne le regardez plus, leur dit Platon, et il en sortira bientôt.»

Diogenes abrira. — «Não olhem para elle, disse Platão aos taes amigos, e brevemente deixará o charco.»

Diogène se rencontra un jour dans un palais magnifique, où l'or et le marbre etaient en grande abondance. Après en avoir considéré toutes les beautés, il se mit à tousser; il fit deux ou trois efforts, et cracha contre le visage d'un Phrygien qui lui montrait ce palais. «Mon ami, lui dit-il, je n'ai point vu d'endroit plus sale où je puisse cracher.»

Entrando Diogenes um palacio cozido em ouro, e folheado de marmore, examinou-lhe as lindezas: mas, expellindo dous ou tres apupos co'o trazeiro, e tossindo, lançou um escarro á cara d'um Phrygio que lhe mostrava o tal palacio: — «Meu amigo, disse-lhe elle, inda não vi sitio mais sujo do que este para se lhe escarrar.»

Un homme vint un jour consulter ce philosophe pour savoir à quelle heure il devait manger. «Si tu es riche, lui dit-il, mange quand tu voudras; si tu es pauvre, quand tu pourras.»

Veio um homem consultar esse philosopho á cêrca da hora em que devia comer. — «Se és rico, respondeu-lhe, come quando quizeres; e, se pobre, quando poderes.»

Philippe, roi de Macédoine, étant tombé, et voyant l'étendue de son corps tracée sur la poussière, s'écria: «Grands dieux! que nous tenons peu de place dans cet univers!»

Dando uma quéda Philippe, rei de Macedonia, e vendo a extensão de seu corpo impressa na poeira, exclamou: — «Grandes deuzes! como é acanhado o espaço que, n'este universo, occupâmos!»

Alphonse d'Aragon répondait à ceux qui lui demandaient quels étaient ses meilleurs et ses plus fidèles conseillers, qu'il n'en connaissait pas d'autres que les livres; car ceux-ci, sans être mus par l'intrigue ou l'intérêt, lui apprenaient tout ce qu'il désirait savoir.

Respondia Afonso, rei d'Aragão, ás pessoas que lhe perguntavão quaes erão seus melhores e mais fieis conselheiros: — «Não conheço outros senão os livros; pois estes, sem movidos ser por intriga ou interesse, ensinão-me o que saber desejo.»

César, voyant un jour, à Rome, quelques étrangers fort riches, qui portaient entre leurs bras de petits chiens et de petits singes, et qui les caressaient fort tendrement, leur demanda, avec beaucoup de raison, si les femmes de leur pays n'avaient point d'enfants?

Cesar vendo, um dia, em Roma, alguns estrangeiros riquissimos, trazerem em braços cãesinhos e macaquinhos, affagando-os carinhosamente, inquirio-lhes e com razão se as mulheres, na sua terra, não tinhão filhos?

On exhortait Henri IV à traiter avec rigueur quelques places de la Ligue, qu'il avait réduites par la force. «La satisfaction qu'on tire de la vengeance ne dure qu'un moment, dit ce généreux prince; mais celle qu'on tire de la clémence est éternelle.»

Exhortavão Henrique IV a tratar rigorosamente algumas praças da liga, que elle sujeitara. — «A satisfação que da vingança se colhe, respondeu esse generoso monarcha, é momentanea; mas, a da clemencia, é eterna.»

Selim Ier, empereur des Turcs, se rasait la barbe, contrairement à l'usage de ses ancêtres. Quelqu'un lui en ayant demandé le motif: «C'est afin que mes conseillers ne me mènent pas par la barbe, comme ils ont fait de mon père.»

Selim Iro, imperador dos Turcos, contra o uso de seus antecessores, cortava a barba. Certo sujeito perguntando-lhe a razão d'isso, Selim respondeu-lhe: — Corto-a para que meus conselheiros não me tirem por ella, como fizerão a meu pae.»

Un jour Henri IV fut harangué par un ambassadeur qui commença par ces mots : « Sire, quand le grand Scipion arriva devant Carthage..... » Le roi, qui prévit à ce début la longueur ennuyeuse du discours, et qui voulut le faire sentir à l'ambassadeur, l'interrompit en lui disant : « Quand Scipion arriva à Carthage, il avait dîné, et moi je suis à jeun. »

Henrique IV foi arengado, certo dia, por um embaixador ; o qual encetou seu discurso no seguinte modo : — «Senhor, quando o grande Scipião chegou ante Carthago.....» El-rei provendo que a falla do embaixador seria longuissima, interrompeu-o dizendo : — « Quando Scipião arribou a Carthago tinha jantado, e eu inda estou em jejum. »

Au milieu d'une nuit fort obscure, un aveugle marchait dans les rues avec une lumière à la main et une cruche pleine sur le dos. Quelqu'un qui courait le rencontra, et surpris de cette lumière : « Simple que vous êtes, lui dit-il, à quoi vous sert cette lumière? La nuit et le jour ne sont-ils pas la même chose pour vous ? — Ce n'est pas pour moi, lui répondit l'aveugle, que je porte cette lumière; c'est afin que les étourdis qui te ressemblent ne viennent pas heurter contre moi, et me faire casser ma cruche. »

Durante uma noite escurissima, um cego palmilhava as ruas com uma lanterna na mão, e uma bilha cheia ás costas. Certo mancebo que corria, topa-o ; e, admirado da luz, diz ao cego : — «De que te serve essa claridade? Dia e noite não te são ignaes ? » — «Esta lanterna, responde o cego, não me alumia ; mas impede que esturdios, qual tu és, me deem bote, e me quebrem a bilha. »

IDIOTISMES ET PROVERBES.

IDIOTISMOS E PROVERBIOS.

La nécessité ne connaît pas de loi.	A necessidade não tem lei.
Rencontrer quelqu'un nez à nez.	Dar de narizes a alguem.
Petit à petit l'oiseau fait son nid.	Pouco a pouco o passaro faz seu ninho.
Quatre yeux voient mieux que deux.	Mais vêem quatro olhos que dous.
Autant de têtes, autant d'opinions.	Tantas cabeças, tantas sentenças.
Ce qui m'entre par une oreille me sort par l'autre.	Entra-me por um ouvido e sahe-me por outro.
Les murs ont des oreilles.	As paredes teem ouvidos.
Il n'a que la peau sur les os.	Está na espinha.
Qui aime bien n'oublie pas.	Quem bem ama, tarde esquece.
Il a parlé à cœur ouvert.	Fallou com o coração nas mãos.
Il a part au gâteau.	Elle tem rasca na assadura.
Il a passé comme une chandelle.	Morreu como uma luz que se apaga.
C'est une bonne pâte d'homme.	É boa massa de homem.
Il a le gosier pavé.	Tem as guelas ladrilhadas.
Il n'a ni feu ni lieu.	Não tem casa nem lar.
Se payer par ses mains.	Pagar-se por suas mãos.
Il ne vaut pas le pain qu'il mange.	Não merece o pão que come.
Je payerai de la même monnaie.	Pagarei na mesma moeda.
Ce sont des contes bleus.	São contos de velhas.
Il n'est pas venu pour enfiler des perles.	Não veio para enfiar perolas.
Les gros poissons mangent les petits.	Os peixes maiores comem os menores.
Il va à quatre pattes.	Anda de gatinhas.
Ils ont passé la rivière à pied sec.	Passárão o rio a pé enxuto.
Avec de l'argent, on vient à bout de tout.	Quem tem dinheiro faz o que quêr.
Plus il a, plus il veut avoir.	Quanto mais tem, mais deseja.
Point d'argent, point de Suisse.	Por dinheiro baila o perro.

Chacun pour soi, et Dieu pour tous.	Cada um para si, e Deos para todos.
Il a découvert le pot aux roses.	Descobrio a mercia.
Il jette de la poudre aux yeux.	Lança poeira nos olhos.
La défiance est la mère de la sûreté.	A desconfiança é mãe dos discretos.
Il a été pris en flagrant délit.	Foi apanhado em fragrante delicto.
Déloger sans tambour ni trompette.	Escapar á sordina.
Les mains lui démangent.	As mãos lhe comem.
Il ne veut pas en avoir le démenti.	Quer sahir com a sua.
Il est devenu sage aux dépens d'autrui.	Aprendeu á custa alheia.
Il m'a plu d'abord.	Logo me deu em rosto.
Rire à gorge déployée.	Dar grandes gargalhadas.
C'est porter de l'eau à la rivière.	É levar agua ao mar.
Il pêche en eau trouble.	Elle pesca em agua turva.
Cela fait venir l'eau à la bouche.	Isso faz agua na boca.
Il crie avant qu'on l'écorche.	Grita antes que o esfollem.
Qui trop embrasse mal étreint.	Quem muito abraça pouco alcança.
Le sage entend à demi-mot.	A bom intendedor poucas palavras bastão.
Il est comme le poisson dans l'eau.	Está como o peixe n'agua.
Avoir une dent contre quelqu'un.	Trazer alguem entre dentes.
Devenir d'évêque meûnier.	Hir de bispo a moleiro.
Il dort comme une marmotte.	Dorme como um arganaz.
Faire venir l'eau au moulin.	Fazer vir agua ao moinho.
Il vaut mieux faire envie que pitié.	Mais vale ser invejado que condoído.
Prendre la lune avec les dents.	Tomar o ceo co' as mãos.
Un mauvais arrangement vaut mieux qu'un bon procès.	Mais vale um ruim concêrto, que uma boa demanda.
Il a bon bec.	Elle tem bico.
Il est armé de pied en cap.	Está armado de ponto em branco.
Dans le pays des aveugles, les borgnes sont les rois.	Na terra dos cegos o que tem um olho é rei.
Autre chose est de dire, et autre chose est de faire.	Do dito ao feito vai muita differença.
C'est une autre chanson.	Isso é outro cantar.
La chair nourrit la chair.	Quem carne come, carne cria.
Je suis sur les épines.	Estou sôbre as brazas.
A bon chat, bon rat.	A bom gato, bom rato.
Bâtir des châteaux en Espagne.	Fazer tôrres de vento.
Tomber de fièvre en chaud mal.	Fugir do fogo e cahir nas brazas.
Chat échaudé craint l'eau froide.	Gato escaldado da agua fria tem mêdo.

Un tiens vaut mieux que deux tu auras.	Mais vale um passaro na mão, que cem voando.
Ce qu'on aime paraît beau.	Quem o feio ama, formoso lhe parece.
Prendre une chose au pied de la lettre.	Tomar uma cousa ao pé da letra.
En parlant du loup, on en voit la queue.	Em fallando do ruim, olhai para a porta.
Manger de la vache enragée.	Comer o pão que o diabo amassou.
Avoir une mémoire de lièvre.	Ter memoria de gallo.
Mettre la charrue devant les bœufs.	Pôr o carro diante dos bois.
On n'a jamais bon marché de marchandise.	O barato sahe caro.
L'oisiveté est la mère de tous les vices.	A ociosidade é mãe de todos os vicios.
Promettre monts et merveilles.	Prometter montes de ouro.
Mordre à l'hameçon.	Morder no anzol.
Que celui qui se sent morveux se mouche.	Quem se pica alhos come.
Prendre quelqu'un au mot.	Pegar a alguem pela palavra.
Être mouillé jusqu'aux os.	Estar feito uma sopa.
Il tire d'un sac deux moutures.	Come a dous carrilhos.
Faire le bel esprit.	Presumir de discreto.
L'habit ne fait pas le moine.	O habito não faz o monge.
L'homme propose, et Dieu dispose.	O homem propõe e Deos dispõe.
Jeter le manche après la coignée.	Atirar com o cabo atraz do machado.
C'est un chevalier d'industrie.	Elle vive de calotes.
Avec une langue on va à Rome.	Quem tem lingua vai a Roma.
L'occasion fait le larron.	A occasião faz o ladrão.
Il n'y a pas de règle sans exception.	Não há regra sem excepção.
Il ne faut pas disputer des goûts.	Sôbre o gosto não há disputa.
Se servir de la patte du chat pour tirer les marrons du feu.	Tirar a braza com a mão do gato.
Qui cherche trouve.	Quem busca acha.
A cheval donné on ne regarde pas la dent.	A cavallo dado não se lhe olha para o dente.
Prendre l'occasion par les cheveux.	Tomar a occasião pelos cabellos.
Cela ne vaut pas une obole.	Isso não vale um cominho.
Remuer ciel et terre.	Revolver ceo e terra.
Il a la clef des champs.	Elle tem campo largo.

Faire un signe de l'œil à quelqu'un.	Dar de ôlho a alguem.
Regarder du coin de l'œil.	Olhar com o rabo do ôlho.
Acheter chat en poche.	Comprar gato em sacco.
Compter sans son hôte.	Fazer a conta sem a hospeda.
Avoir le diable au corps.	Ter o diabo no corpo.
Faire d'une pierre deux coups.	De uma via fazer dous mandados.
Croître à vue d'œil.	Crescer a palmos.
Tant va la cruche à l'eau, qu'à la fin elle y reste.	Tantas vezes vai o cantaro á fonte até que quebra.
Il mange à ventre déboutonné.	Come até mais não poder.
Il ne manque pas par le bec.	Elle tem boa ponta de lingua.
Laisser tout à l'abandon.	Deixar tudo á boa ventura.
Chien qui aboie ne mord pas.	Cão que ladra não mordé.
Ce qui abonde ne nuit pas.	O que sobeja não faz mal.
Ils s'accordent comme chiens et chats.	Estão como cão com gato.
Avoir bec et ongles.	Ser prompto de mãos e lingua.
Aide-toi, Dieu t'aidera.	Ajuda-te, que Deos te ajudará.
Qui aime Bertrand, aime son chien.	Quem ama a Beltrão, ama o seu cão.
Il l'a échappée belle.	Escapou de boa.
Il fait tout à boulevue.	Elle faz tudo a trochemoche.
Il ment aux dépens de sa bourse.	Quem compra e mente na bolsa o sente.
Selon ta bourse, gouverne ta bouche.	Governa tua boca conforme tua bolsa.
Faire de nécessité vertu.	Fazer da necessidade virtude.
Chacun a sa folie.	Cada louco com sua teima.
Celui qui casse les verres les paie.	Quem tem a culpa pague a pena.
Il gèle à pierre fendre.	Gela a fazer estalar as pedras.
Il faut battre le fer pendant qu'il est chaud.	É préciso lograr a occasião.
Ce n'est pas tous les jours fête.	Não é cada dia festa.
L'attente fait mourir.	Quem espera desespera.
Après la mort, le médecin.	Depois do asno morto cevada ao rabo.
Ce qui vient au son de la flûte s'en va au son du tambour.	Os dinheiros do sacristão cantando veem, cantando vão.
A sotte demande, point de réponse.	A palavras loucas, orelhas moucas.
Il est fou à lier.	É louco rematado.
Avoir un pied dans la fosse.	Ter um pé na cova.
En un clin d'œil.	Em um abrir e fechar d'olhos.
Il a la langue bien déliée.	Elle tem boa ponta de lingua.
Il doit plus qu'il ne pèse.	Elle deve mais dinheiro do que pesa.

C'est un bon diable	É um bonacheirão.
Il n'est pas si diable qu'il est noir.	Não é tão feio como o pintão.
Il sait cela sur le bout du doigt.	Sabe isso na ponta da unha.
Il ne sait où donner de la tête.	Não sabe onde dar co'a cabeça.
Il ne donnerait pas un verre d'eau.	Não daria uma sêde d'agua.
Dormir la grasse matinée.	Dormir toda a manhã.
La nuit tous les chats sont gris.	De noite todos os gatos são pardos.
Les amis se connaissent au besoin.	Os amigos conhecem-se nas occasiões.
Il vaut mieux être seul qu'en mauvaise compagnie.	Mais vale só que mal accompanhado.
Tout lui vient à souhait.	Tudo lhe vem a pedir de boca.
Qui ne dit mot consent.	Quem cala, consente.
Il a tourné les talons.	Deu aos calcanhares.
Tel maître, tel valet.	Tal amo, tal criado.
Qui ne risque rien n'a rien.	Quem nada arrisca nem perde, nem ganha.
Il est fin comme un renard.	É fino como um coral.
Pierre qui roule n'amasse pas de mousse.	Pedra movediça nunca mofo a cubiça.
La montagne en travail enfante une souris.	Emprenhou o monte e nasceu um rato.
Chaque pays a ses usages.	Cada terra com seu uso, cada roca com seu fuso.
Les bons pâtissent pour les mauvais.	Os bons padecem pelos máos.
Aller de mal en pire.	Hir de mal a peior.
Ils lui fermèrent la porte au nez.	Derão-lhe com a porta na cara.
Avant de te marier, regardes-y à deux fois.	Antes que cases, mira o que fazes.
Il a manqué à sa parole.	Tournou atraz com o palavra.
Être nu-jambes.	Estar em pernas.
Il est tout nu.	Está em corpo ou em pello.
Il n'entend pas la plaisanterie.	Elle não é para brincos.
Avec le temps on vient à bout de tout.	Com o tempo madurão as uvas.
Grosse tête, peu de sens.	Cabeça grande, pouco juizo.
Pêcher en eau trouble.	Pescar em agua turva.
Il a trouvé le nœud de l'affaire.	Deu no ponto.
Autant en emporte le vent.	Palavras e pennas o vento as leva.
Il tourne comme une girouette.	Muda-se como grimpa.
Ce sont deux têtes dans un bonnet.	São dous corpos e uma alma.
C'est un homme à deux visages.	É homem com duas caras.

Vogue la galère, arrive ce qu'il pourra.	Vogue a galé, venha o que vier.
Il veut voler sans ailes.	Elle quer subir ao ceo sem azas.
A tout péché miséricorde.	Todo o peccado conségue perdão.
Il ne faut pas parler de la corde dans la maison d'un pendu.	Em casa do ladrão não lembrar baraço.
Un barbier rase l'autre.	Uma mão lava a outra, e ambas o rosto.
Les paroles n'emplissent pas le ventre.	Palavras não enchem barriga.
On dort quand on a le ventre plein.	Barriga farta, pé dormente.
Chacun sent son mal.	Cada qual sente seu mal.
Ventre affamé n'a point d'oreilles.	Lobo faminto não tem assento.
A bon appétit, il ne faut point de sauce.	A boa fome não há máo páo.
Éveiller le chat qui dort.	Acordar o cão que dorme.
Il n'est point de sauce comme l'appétit.	Não há melhor mostarda que a fome.
Le feu n'est pas bien loin des étoupes.	O homem é fogo, a mulher é estopa, vem o diabo, e assopra.
Le mal vient à cheval et s'en retourne à pied.	O mal entra ás braçadas e sahe ás pollegadas.
Chacun cherche son avantage.	Cada um chega a braza á sua sardinha.
Chacun à son tour.	Cada porco tem o seu san' Martinho.
Quand on parle du loup, on en voit la queue.	Fallai do ruim, olhai para a porta.
Partout les pierres sont dures.	Em toda a parte há um pedaço de mau caminho.
Il est gueux comme un rat d'église.	Não tem eira, nem ramo de figueira.
Mentir aux dépens de sa bourse.	Quem compra e mente na bolsa o sente.
L'œil du maître engraisse le cheval.	O cavallo engorda cum a vista de seu dono.
Tant va la cruche à l'eau qu'enfin elle s'y brise.	Tantas vezes vai o cantaro á fonte, que por fim quebra.
Il est plus connu que Barrabas à la passion.	É mais conhecido que cão ruivo.
Toutes vérités ne sont pas bonnes à dire.	Mal me querem minhas comadres, porque lhes digo as verdades.
Faire d'une pierre deux coups.	Matar d'uma cacheirada dous coelhos.

Il faut hurler avec les loups.	Por onde vás, assim como vires, assim farás.
Il faut prendre l'occasion par les cheveux.	Quando te derem o porquinho, acode com o baracinho.
Ce n'est pas pour vous que le four chauffe.	Não é o mel para a boca do asno.
Prendre la lune avec les dents.	Tomar o ceo co' as mãos.
A force de forger, on devient forgeron.	Agua molle em pedra dura, tanto dá até que fura.
On trouve toujours le champ de son voisin plus beau que le sien.	A gallinha da minha visinha é mais gorda que a minha.
Il ne faut pas chanter le triomphe avant la victoire.	Ainda não sellámos, já cavalgâmos.
A brebis tondue, Dieu mesure le vent.	Dá Deos o frio conforme a roupa.
Chacun avec son semblable.	Cré com cré, lé com lé.
Tirez le rideau, la farce est jouée.	Acabou-se a festa, tomai o toldo.
Tirer les marrons du feu avec la patte du chat.	Tirar a sardinha com a mão do gato.
Amitié d'enfant c'est de l'eau dans un panier.	Amizade de menino é agua em cestinha.
Les eaux sont basses chez lui.	Anda baldo ao naipe.
Dorer la pilule.	Dourar a pirola.
Tout ce qui reluit n'est pas or.	Nem tudo o que luz é ouro.
Avoir une dent de lait contre quelqu'un.	Trazer alguem entre dentes.
Frapper comme un sourd.	Dar pancada de cego.
Se battre les flancs.	Pôr os pés á parede.
Ventre affamé n'a pas d'oreilles.	Barriga vasia não tem alegria.
A bon entendeur salut.	A bom intendedor meia palavra lhe basta.
A quelque chose malheur est bon.	Ha males que veem por bem.
Brûler la politesse.	Despedir-se á franceza.
Dis-moi qui tu hantes, et je te dirai qui tu es.	Dize-me com quem andas, dir-te-hei as manhas, que tens.
Faire venir l'eau au moulin.	Levar agua ao seu moinho.
Mettre les points sur les i.	Com todos os *ff* e *rr*.
Les bons comptes font les bons amis.	Amigos, amigos, negocio á parte.
Qui ne dit mot consent.	Quem calla, consente.
Qui se ressemble s'assemble.	Cada ovelha com a sua parelha.

Après la panse, vient la danse.	Barriga cheia, cara alegre.
Boire comme un trou.	Beber como um funil.
De la main à la bouche, se perd souvent la soupe.	Da mão á boca se perde a sopa.
Manger comme un ogre.	Comer como um boi.
C'est un panier percé.	É um cesto roto.
Chercher une aiguille dans une botte de foin.	Buscar agulha em palheiro.
Croquer le marmot.	Esperar horas e horas.
Disputer sur la pointe d'une aiguille.	Disputar por dá cá aquella palha.
Donner dans le panneau.	Cahir no logro.
Être tiré à quatre épingles.	Andar n'um pontinho de aceio.
Il faut casser le noyau pour avoir l'amande.	Não se colhem trutas a bragas enchutas.
Chanter la palinodie.	Cantar a palinodia.
Faire bonne mine à mauvais jeu.	Fazer das tripas coração.
Acheter chat en poche.	Comprar nabos em saco.
Être comme le poisson dans l'eau.	Estar como o peixe n'agua.
Faire de la bouillie pour les chats.	Deitar perolas a porcos.
Graisser la patte.	Untar as mãos, o carro.
Revenir à ses moutons.	Voltar á vaca fria.
Trouver la pie au nid.	Metter uma lança em Africa.

MONNAIES.

MOEDAS.

FRANCE.	FRANÇA.
Or.	**Ouro.**
Un napoléon double, 40 francs.	Um napoleão dobrado, 6,400 reis (antiga peça portugueza que vale actuamente 7,500).
Un louis double, 40 fr.	
Un napoléon, 20 fr	Um napoleão, 3,200 reis.
Un louis, 20 fr.	Um luiz, 3,200 reis.
Argent.	**Prata.**
Une pièce de 5 fr.	Uma peça de 5 francos., 800 reis ou 8 tostões.
Une pièce de 2 fr.	Uma peça de 2 francos, 320 reis.
1 franc.	Um franco, 180 reis, ou oito vintens.
Un ½ franc, 50 centimes.	Um meio franco, 80 reis ou 4 vintens.
Un ⅕ de fr., 20 c.	Um quarto de franco, 40 reis ou 2 vintens.
Cuivre.	**Cobre.**
Un décime, 10 c.	Um decimo, 16 reis.
Une pièce de 5 c.	Uma peça de 5 cent., 8 reis.
Un centime.	Um centimo. Naõ tem moeda que lhe corresponda.

ANGLETERRE.	INGLATERRA.
Or.	**Ouro.**
Une guinée, 21 schellings, 26 francs 48 c.	Um guinco, 4,515 reis.

Un double souverain, 40 schellings 50 44 *c.*	Um soberano dobrado, 8,608 reis.
Un souverain, 20 schellings, 25 fr. 22 *c.*	Um soberano, 4,304 reis.

Argent.	**Prata.**
Une couronne, 5 schellings, 6 fr. 30 *c.*	1,005 reis ou dous cruzados novos e 45 reis.
Une demi-couronne, 2 ½ schellings, 3 *fr.* 15 *c.*	Uma corôa, 500 reis ou 5 tostões.
Un schelling, 12 pence, 1 fr. 26 *c.*	Uma meia corôa, 200 reis ou dous testões.
Un ½ schelling, 6 pence, 63 *c.*	Um chelim, 100 reis ou um tostão.
Une pièce de 4 pence, 42 *c.*	Um meio chelim, 55 reis ou tres vintens e 5 reis.

Cuivre.	**Cobre.**
Un penny (denier), 10 ½ *c.*	Um penny, 16 reis.
Un demi-penny, 5 ¼ *c.*	Um meio penny, 8 reis.
Un farthing (quart de penny).	Um farting. 4 reis.

ÉTATS-UNIS D'AMÉRIQUE. — ESTADOS-UNIDOS D'AMERICA.

Or.	**Ouro.**
Double-aigle de 10 *dollars,* 55 *fr.* 21 *c.*	Aguia dobrada de 10 dollardos, 8,832 reis.
Aigle de 5 *dollars,* 27 *fr.* 50.	Aguia de 5 dollardos, 4,416 reis.
Demi-aigle ou 2 *dollars et ½,* 13 *fr.* 80 *c.*	Meia aguia ou 2 dollardos e ½, 2 208 reis.

Argent.	**Prata.**
Dollar, 5 *fr.* 42 *c.*	Dolardo, 864 reis.
Demi-dollar, 2 *f.* 71 *c.*	Meio dollardo, 432 reis.
Quart de dollar, 1 *fr.* 35.	Quarto de dollardo, 216 reis.

ÉTATS ROMAINS.	ESTADOS ROMANOS.
Or.	**Ouro.**
Une pistole, 17 *fr.* 27 *c.*	Uma pistola, 2,760 reis.
Une demi-pistole, 8 *fr.* 63 *c.*	Meia pistola, 1,380 reis.
Un sequin, 11 *fr.* 80 *c.*	Um sequim, 1,888 reis.
Un demi-sequin, 5 *fr.* 90 *c.*	Meio sequim, 944 reis.
Argent.	**Prata.**
Un écu de 10 *pauls*, 5 *fr.* 38 *c.*	Um escudo de 10 paolis, 856 reis.
Un demi-écu, 2 *f.* 69.	Meio escudo, 428 reis.
Un teston, 1 *fr.* 61 *c.*	Um tostão, 256 reis.
Un papetto, 1 *fr.* 7 *c.*	Um papetto, 168 reis.
Un paul, 54 *c.*	Um paul, 85 reis.

NAPLES.	NAPOLES.
Or.	**Ouro.**
Onces fabriquées depuis 1818, 12 *fr.* 99 *c.*	Onças cunhadas depois de 1818, 2,080 reis.
Quintuple, ou 15 *ducats depuis* 1813, 64 *fr.* 95 *c.*	Quintuplos, ou 15 ducados de 1813 em diante, 10,392 reis.
Décuple de 30 *ducats*, 129 *fr.* 90 *c.*	Decuplos de 38 ducados, 20,784 reis.
Argent.	**Prata.**
Ducat de 10 *carlins*, 4 *fr.* 25 *c.*	Ducados de 10 carlins, 680 reis, ou seis tostões e 4 vintens.
Pièce de 2 *carlins*, 85 *c.*	Peça de 3 carlins, 456 reis.
Un carlin, 42 *c.*	Um carlim, 65 reis.

ESPAGNE.	ESPANHA.
Or.	**Ouro.**
Une quadruple, ou doublon, 16 *piastres*, 85 *fr.* 77 *c.*	Un quadruplo ou dobraõ, 16 piastras, 13,720 reis.
Une demi-quadruple, 8 *piastres*, 42 *fr.* 88 *c.*	Meio quadruplo, 8 piastras, 6,860 reis.

Une pistole ou ¼ *de doublon, 4 piastres,* 21 *fr.* 44 *c.*	Uma pistola ou ¼ de dobraõ, 4 piastras, 3,430 reis.
Un écu d'or, 2 piastres, 10 *fr.* 72 *c.*	Um escudo d'ouro, 2 piastras, 1,715.
Une piastre d'or, 5 *fr.* 36.	Uma piastra d'ouro, 857 reis.
Argent.	**Prata.**
Une piastre, 20 *réaux,* 5 *fr.* 30 *c.*	Uma piastra, 20 reaes, 848 reis.
Une demi-piastre, 10 *réaux,* 2 *fr.* 65 *c.*	Meia piastra, 10 reaes, 424 reis.
Un quart de piastre, 5 *réaux,* 1 *fr.* 32 *c.*	Um quarto de piastra, 5 reaes, 212 reis.
Un réal, 26 *c.*	Um real, 45 reis.
PORTUGAL.	PORTUGAL.
Or.	**Ouro.**
Moeda d'ouro, ou lisbonnine, 4,800 *reis,* 33 *fr.* 96.	Moeda d'ouro, 4,800 reis.
Demi-lisbonnine, 16 *fr.* 98 *c.*	Meia moeda, 2,400 reis.
Dobra de 12,800 *reis,* 90 *fr.* 54 *c.*	Dobra de 12,800 reis.
Meia dobra de 6,400 *reis,* 45 *fr.* 27 *c.*	Meia dobra de 6,400 reis.
Pièce de 16 *testons, de* 16,600 *reis,* 5 *fr.* 66.	Peça de 16 tostões, de 1,600 reis.
Argent.	**Prata.**
Cruzade de 480 *reis,* 3 *fr.* 30 *c.*	Cruzado novo de 480 reis.
AUTRICHE.	AUSTRIA.
Or.	**Ouro.**
Ducat impérial, 11 *fr.* 97 *c.*	Ducado imperial, 1,915 reis ou 19 tostões e 15 reis.
Ducat de Hongrie, 12 *fr.* 17 *c.*	Ducado d'Hungria, 1,945 reis, 19 tostões, dous vintens e 5 reis.
Argent.	**Prata.**
Une couronne, 5 *fr.* 75 *c.*	Uma corôa, 920 reis.

Pièce de 2 florins, 5 *fr.* 15 *c.*
Un florin, 2 *fr.* 57 *c.*
Une pièce de 20 *kreutzers*, 85 *c.*
Une pièce de 10 *kreutzers*, 42 *c.*
Une pièce de 5 *kreutzers.*

Peça de 2 florins, 824 reis.
Um florim, 412 reis.
Uma peça de 20 kreutzers, 136 reis.
Uma peça de 10 kreutzers, 66 reis.
Uma peça de 5 kreutzers, 33 reis.

PRUSSE. — PRUSSIA.

Or. — Ouro.

Un ducat, 11 *fr.* 77. — Um ducado, 1,880 reis.
Un frédéric, 20 *fr.* 80 *c.* — Um frederico, 3,328 reis.
Un demi-frédéric, 10 *fr.* 40 *c.* — Um meio frederico, 1,664 reis.

Argent. — Prata.

Une risdale, 3 *fr.* 71 *c.* — Um risdale, 592 reis.
Une demi-risdale, 1 *fr.* 85 *c.* — Meio risdale, 296 reis.
Un gros, 15 *c.* — Uma oitava, 24 reis.

HAMBOURG. — HAMBURGO.

Or. — Ouro.

Un ducat, 11 *fr.* 97. — Um ducado, 1,912 reis.

Argent. — Prata.

Un marc double, 32 *schillings*, 3 *fr.* 74 *c.* — Um marco dobre, 600 reis.
Un marc, 16 *schillings*, 1 *fr.* 87. — Um marco, 300 reis.

HOLLANDE. — HOLLANDA.

Or. — Ouro.

Un ducat, 11 *fr.* 97 *c.* — Um ducado, 1,912 reis.
Une pièce de 10 *florins*, 21 *fr.* 25 *c.* — Uma peça de 10 florins, 3,384 reis.
Une pièce de 5 *florins*, 10 *fr.* 62 *c.* — Uma peça de 5 florins, 1,692 reis.

Argent.

Un florin, 2 *fr.* 12 *c.*
Pièces de $\frac{1}{2}$, $\frac{1}{4}$, $\frac{1}{10}$ *et* $\frac{1}{20}$ *de florin.*

RUSSIE.

Or.

Ducat de 1755, 11 *fr.* 79 *c.*
Ducat de 1793, 11 *fr.* 59 *c.*
Impérial de 10 *roubles*, 41 *fr.* 29 *c.*
Demi-impérial de 5 *roubles*, 20 *fr.* 64 *c.*

Argent.

Rouble, 4 *fr.*

FIN.

Prata.

Um florim, 338 reis.
Peças de 169 reis e da metade desta quantia, etc.

RUSSIA.

Ouro.

Ducado de 1755, 1,855 reis.
Ducado de 1793, 1,856 reis.
Imperial de 10 roubles, 6,606 reis.
Meio imperial de 5 roubles, 3,303 reis.

Prata.

Rouble, 640 reis.

FIM.

TABLE DES MATIÈRES.

TABOADA DAS MATERIAS.

VOCABULAIRE FRANÇAIS ET PORTUGAIS.

VOCABULARIO FRANCEZ E PORTUGUEZ.

PREMIÈRE PARTIE.

PRIMEIRA PARTE.

SECONDE PARTIE.

SEGUNDA PARTE.

DIALOGUES FAMILIERS.

DIALOGOS FAMILIARES.

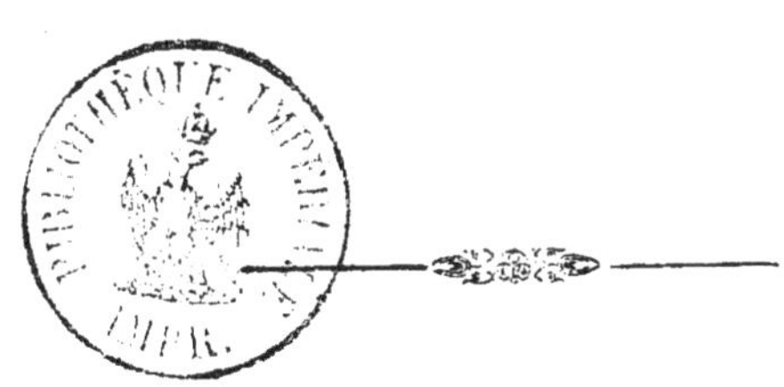

www.ingramcontent.com/pod-product-compliance
Ingram Content Group UK Ltd.
Pitfield, Milton Keynes, MK11 3LW, UK
UKHW020555180726
13838UKWH00001B/263